Darf man als Nackerta ins Hawelka?

Helmut A. Gansterer

Darf man als Nackerta ins Hawelka?

Knigge für Fortgeschrittene

molden

ABENDSTERNE

Josefine Hawelka
Die strenge Herzliche
(1913–2005)

Georg Danzer
Liedgenie und Zechkumpan
(1946–2009)

Alois Gansterer
Der beste Vater der Welt
(1923–2009)

MORGENSTERNE

Annemarie Gansterer
Elisabeth Gansterer
Georg Gansterer
Maria Gansterer
Martina Gansterer
Richard Gansterer
Konrad Schettina
Helmut Ratzinger
Robert Ratzinger
und mein
Haberer Haderer

INHALT

4. GEIST & GELD

5. MODE

6. BERUF & BILDUNG

10. GASTAUTOR PHIL WALDECK
AUTO & MOBILITÄT

VORWORT

Gut, dass wir ihm nicht alles glauben müssen. Wenn Helmut A. Gansterer in Kapitel sieben davon spricht, dass das Nachfragen des eigenen Namens bei Google – das großartige Schweizer Kulturmagazin *du* erfand dafür den Namen „Google-Onanie" – 18.305 Ergebnisse liefert, dann kann ich Sie beruhigen: es sind nur 13.700.

18.305:13.700. Das ist ein perfekter Maßstab für das Verhältnis der Lebenshilfe, die Gansterer spendet, zu der Lebenshilfe, die er selbst nötig hat. Ich darf das sagen, denn ich war während einiger Jahre der für Gansterer zuständige Redakteur bei *profil*, wo in der Mitte seiner Kolumne „Good News", dort, wo die elegante Beweisführung des Autors vom einen, vom zwingenden Faktum geerdet werden musste, in Großbuchstaben BITTE CHECKEN stand.

Am Anfang hielt ich das für kulturelles Dandytum. Dann begriff ich, dass Gansterer natürlich nicht zufällig Herausgeber des damals wegweisenden Wirtschaftsmagazins *trend* gewesen war: er hatte seine Ökonomie-Lektionen gelernt. Ich war der Markt. Ich musste reagieren.

So kam ich übrigens auch zu der Ehre, dieses Vorwort zu schreiben. Als ich Gansterer vor ein paar Jahren eines Abends fragte, ob er für eine Titelgeschichte der *Weltwoche* die epochale Frage „Darf man per E-M@il kondolieren?" beantworten würde, verzieh er mir die Tatsache, dass ich die Antwort binnen sechs Stunden brauchte, und lieferte acht Minuten zu früh. Meinen Applaus nahm er routiniert entgegen. Weil er ihn aber verhältnismäßig zu leise fand, s. o., schrieb er ein Buch unter nämlichem Titel und demütigte mich mit der Tatsache, dass die Frage gut, die Antworten jedoch einen Bestseller wert gewesen waren.

Meine Beschwerden, dass ich in der Historie des Buches eine zu geringe Rolle gespielt hätte, quittiert er nun damit, dass er mich für sich arbeiten lässt.
Wir sehen, Gansterer hat genug Tom Sawyer'sches Blut, dass es sich lohnt, von ihm zu lernen.
Dass er formuliert wie kein Zweiter, ist eh klar. Dass er einen Horizont von 370 Grad hat, macht ihm auch keiner nach. Gansterer ist einer der raren Schriftsteller, die den Verstand des Rechercheurs und die Gestaltungsgewalt des Bildhauers besitzen, und wo der Fleiß lückenhaft ist, hat er seine Leute.
Außerdem erlebt er etwas. Gansterer hat auf beneidenswerte Weise die Zwänge des Alltags abgeschüttelt. Ihm ist leicht fad. Sitzungen erträgt er nicht. Sprechen tut er im Stehen, und das auch nur mit Barkeepern oder mit außergewöhnlichen Menschen, die ihm wie von selbst zuwachsen. Dazu trinkt er kalten Kaffee. Er ist beneidenswert hypochondrisch und hat sich, selbst der einzige feministische Macho Österreichs (nach Günther Nenning R.I.P.), nachweislich mit Frauen verbrüdert, die gekommen waren, um ihn wegen seiner frauenfeindlichen Autokolumnen zu torten: Er las sich solidarische Monatsbeschwerden an.
Logo, dass man von ihm beraten werden möchte. Logo, dass man seine Geschichten hören will. Er ist ein Guru, aber im Gegensatz zum Dalai Lama, von dem ich eigentlich nichts wissen möchte, fallen mir angesichts Gansterer hundert Fragen ein, die er mir beantworten soll. 99 davon stehen in diesem Buch.
Ich ziehe jetzt den Joker. Im Gegensatz zu Gansterer bin ich zu alt, um Porsche zu fahren. Diese Haltung ist vom großartigen Franco Lucentini, kunstsinniger Teil des Autorenduos Fruttero & Lucentini (*Der Liebhaber ohne festen Wohnsitz*) geliehen. Lucentini beobachtete bei einem gemeinsamen Spaziergang durch die Turiner Altstadt einen Mann mit grauen Haaren, der einen

lokalen Sportwagen in Rot pilotierte, und er wandte sich mit einer derart traurigen Überheblichkeit von diesem Anblick ab, dass ich fast vergessen hätte, was er sagte. Fast: „Sportwagen sollten nur von Männern unter 30 gefahren werden."
Ich möchte also von Gansterer etwas wissen. Ich begehre im Tausch gegen die für mich nebbiche Frage, ob man mit einem Diesel-Porsche fahren darf (Lucentiiniii!), eine hier und jetzt anzufügende Antwort auf die Frage:
Darf man ein Vorwort mit einer Frage beenden?
Die Wetten stehen 18.305:13.700.

Christian Seiler

HÖFLICHE EINFÜHRUNG

ÜBER HERKUNFT UND ZWECK DES „KNIGGE DES 21. JAHRHUNDERTS“

*„Sage mir, wo du her kommst,
und ich sage dir, woher du kommst.“*
Wolfgang Bauer, Dramatiker

Dies ist das zweite Darf-man-Buch. Darf man schon von einer Reihe sprechen? Selbstverständlich, zumal noch offen ist, wie viele Bände diese „Archive der neuen Höflichkeit“ umfassen werden.
Gerhard Roth, steirischer Weltliterat, u. a. berühmt für seine *Archive des Schweigens*, hat seine Erlaubnis gegeben, die Reihe so zu nennen. Erstens aus Freundschaft, zweitens aus Rührung. Es habe ihm, sagt er, den Atem geraubt, dass man überhaupt gefragt habe. Er wisse, dass er das juristisch gar nicht hätte verhindern können.

Merksatz 1: Die *new politeness* hört nicht am Ende der Paragrafen auf. Sie kennt das edle Recht auf Verzicht der Ausschöpfung aller Möglichkeiten. Man fragt trotzdem.

Merksatz 2: Treue in der Nennung der Quellen ist unabdingbar.

Hiezu ist anzumerken, dass der erste Band des Knigge des 21. Jahrhunderts mit einer Grobheit zur Welt kam. Er verschwieg den Schöpfer der Titel-Frage „Darf man per E-M@il kondolieren?“. Alles, was Christian Seiler im Vorwort (siehe Seite 10) dazu schreibt, ist korrekt. Er ist Vater dieser Frage. Der Makel ist umso grotesker, als die Nennung seines Namens das Buch geschmückt hätte. Seiler ist einer der stärksten Kultur-Muskeln der deutschsprachigen Medien (Print, TV, Radio). Er war u. a.

Chefredakteur von *profil* und *Weltwoche*. Das Schweizer Kultmagazin *du* hatte in seiner Hand die letzte Glanzzeit. Nach ihm ging es zu Grunde. Durch Christian Seilers *Kurier*-Freizeit-Kolumnen und Bücher wurde selbst sein Köter Barolo berühmt.
Erste Frage also: Warum wurde er in Darf man-Nr. 1 vergessen? Antwort: Keine Ahnung. Er war im Geiste immer dabei. Er glich wohl der Brille, die man nicht findet, weil sie auf der Nase sitzt.

Das wichtigste Prinzip der neuen Höflichkeit des 21. Jahrhunderts ist ihre scheinbare Prinzipienfreiheit. Tatsächlich ist sie strenger als alles zuvor. Sie baut wesentlich auf die alten Benimmregeln. Sie setzt diese als Fundament voraus und verlangt noch mehr: Flexibilität, Selbstironie, Geschmackssicherheit und eine Herzensbildung, die über die jetzige greift. Zwei Beispiele aus Band 1:

Erstens: Feine Menschen (korrekter: MenschInnen? Ich weiß es wirklich nicht) dürfen nie wieder über Siege sprechen. Nur noch über Niederlagen, die alle entzücken.

Zweitens: Feine Menschen bzw. MenschInnen dürfen nie wieder Witze erzählen, die ausnahmslos alt, banal und geschmacklos sind. Sie lernen die Kunst des Sehens und Hörens und begreifen, dass das wahre Leben witziger ist als jede Konstruktion.

Um eine FAQ (*frequently asked question* = „häufig gestellte Frage“) der LeserInnen des ersten Bandes zu beantworten: Nein, es gibt keine Feindschaft zur großen Benimm-Autorität Thomas Schäfer-Elmayer. Ganz im Gegenteil. Man darf von reiner Liebe sprechen. Ich kann das beweisen. Drei Gentlemen sind meine Zeugen.
Als der erste Band dieser Reihe, *Darf man per E-M@il kondolieren?*, zum „Buchliebling der Österreicher 2008“ (ein Leser-

Oscar, ausgerufen vom Verlagsbüro Schwarzer) erkoren wurde, gab es keine fröhlichere Vierer-Runde als jene von Thomas Schäfer-Elmayer und dem herzlichen Film-Produzenten Purzl Klingohr und dem Schauspieler Wolfgang Böck (ausgezeichnet für sein Buch *Besser Einfach*, Carinthia Verlag) und mir. Man trank und sang. Schäfer-Elmayer und ich waren uns einig als einander Ergänzende.
Er lehrt die Basis des guten Benehmens auch in Seminaren, die ich herzlich empfehle. Ich lehre gar nichts. Ich mache nur Vorschläge für das gute Benehmen danach. So kommen wir einander nicht in die Quere. Oder nur selten. Beispielsweise beim Handkuss. Tommy, wie ich Schäfer-Elmayer heimlich nenne, kennt dafür strenge Regeln. Ich kenne keine mehr, aus zwei Gründen. Erstens fallen heute alle allen um den Hals und küssen mindestens die Wange. Zweitens erlebte ich die größte Anstrengung eines österreichischen Bundeskanzlers. Er wollte einer robusten Ostblock-Diplomatin die Hand behauchen. Sie fürchtete den burgenländischen Gift-Kuss. Der anschließende Ringkampf verdarb mich für die Idee des öffentlichen Handkusses, egal ob Outdoor oder Indoor. Und privat darf man hoffentlich küssen, was man will.

Der Vorwort-Schreiber muss noch einmal vor den Vorhang. Christian Seiler wurde vom kranken Komponisten & Sänger Georg Danzer gebeten, sein gültiges Porträt für das Nachrichtenmagazin *profil* zu schreiben (siehe *profil* Nr. 26, 25. Juni 2007). Danzers Erben fanden später meinen Buch-Titel korrekt, der eher ins Fröhliche geht und an einen von „Schurlis" Bestsellern erinnert. Und an ein Wiener Café, das für Künstler da ist wie eh und je. Refrain des Danzer-Liedes: „Jö schau, so a Sau, jessasna, wos mocht a Nockata im Hawelka?"

Wir übersetzen normalerweise vom Österreichischen ins Deutsche, siehe Buch-Titel. An dieser Stelle darf es unterbleiben. Georg „Schurli“ Danzer wurde mit seinen Liedern von Deutschlands Jugend verständiger geliebt als von den Österreichern.

---

1) Werke von Christian Seiler als Autor und/oder Verleger sind unter www.ChristianSeiler.com und www. Mein-Hund-Barolo.com zu finden. Darunter auch: *Jetzt oder nie* mit Georg Danzer. Zusatzempfehlung: Originale oder E-Mail-Reprints von Musiker-Porträts über Ostbahn, Resetarits, Conte, Neuwirth, Cash, Waits und Molden.

1.

Essen & Trinken

Darf man IN DER KRISE KAVIAR ESSEN?

Man darf nicht. Man muss. Jede Krise schreit nach tröstender Verwöhnung, jede Endzeitstimmung nach Tanz auf dem Vulkan. Das funktioniert natürlich nur, wenn man Kaviar wirklich mag. Man schätzt, dass 80 Prozent der Kaviar-Kavaliere Aufhauer sind, die sich dazu zwingen, alles gut zu finden, was teuer ist. Sobald Benzin pro Liter so viel kostet wie Kernöl, werden sie damit ihre Salat-Marinade anrühren.
Aber gehen wir davon aus, dass Sie die kleinen schwarzen Fisch-Eier echt klass finden. Vielleicht ist Kaviar mit ein wenig gehacktem hartem Ei auf Blinis tatsächlich Ihr Gaumentraum. Dann gilt: Mund auf, Augen zu. Schön aussehen tut das Zeug ja nicht. Es lohnt sich auch, ein wenig blind zu sein, um zu übersehen, dass ein Großteil des Kaviar-Geschäfts fest in den Händen der russischen Halbwelt ist. Und mancher Oligarchen, die steinreich wurden und oft fett wie die russische Erde sind. In den zwanzig Jahren seit dem Zusammenbruch des Kommunismus im Jahr 1989 hat sich der Kaviar-Preis angeblich verzehnfacht – wurde also rund fünf Mal teurer als aufgrund der aufgelaufenen Inflation normal wäre.
Was anderseits Vorteile hat. Es zwingt automatisch zu einer Kaviar-Diät. Kaviar-Luxus führt in fast allen Haushalten dazu, dass das Budget für Essen voll dafür draufgeht. Wer für den Stör-Rogen auf alle köstlichen Schnitzel und Schweinsbraten verzichtet, wird bald Kleidung tragen, die um zwei Nummern kleiner ist. Obwohl: So sicher ist das nicht. Viele trinken nach russischem Vorbild dazu auch Wassergläser voll Wodka, was kalorienmäßig ein Hammer ist. Und wenn Sie dann ausgerechnet auf das einzig Vernünftige der russischen Lehre verzichten, nämlich auf jedes Glas Alkohol mindestens zwei Gläser Wasser

zu schlucken, werden Sie bald in eine spezielle, persönliche Krise torkeln. Eine, die im Gegensatz zur derzeit grassierenden Finanz- & Wirtschaftskrise ewig bleibt. Ich erinnere an den schönen Satz: Die Leber wächst mit ihren Aufgaben.

Mein Vorschlag: Nützen Sie die Krise als Vorteil. Essen und trinken Sie wie bisher. Aber nach dem eleganten Motto „Immer weniger von immer Besserem". Das kostet unter dem Strich das Gleiche, hat aber zwei dramatische Vorzüge: mehr Genuss, weniger Kalorien. Das Beste: Sie profitieren davon auch nach der Krise, beispielsweise im nächsten Jahr, wenn's wieder heller wird oder im übernächsten, wenn es wieder echt bergauf geht.

Darf man GÄSTE MIT ECHTEM BAUERNOBSTLER VERWÖHNEN?

Zu 99 Prozent nein, zu ein Prozent ja.
Unglücklicherweise braucht das eine Prozent mehr Platz zur Begründung als die 99 Prozent. Aber dieses Buch ist moralisch vorbildlich. Die UNO sieht es schon jetzt als Maßstab einer neuen Ethik. Es ist daher der Genauigkeit verpflichtet. Ein Prozent ist so wichtig wie die 99 anderen.
Also: Man darf den Tibetern und Chinesen, die in einem Punkt gleich geschaltet waren und in diesem Punkt schuldig an mir wurden, ruhig einen Bauernobstler einschenken. Sie haben mir einst in Lhasa auf 4.500 Meter Höhe (die einheimischen Tibeter genauso wie die chinesische Besatzungsmacht) einen Maotai eingeschenkt. Das ist, wie man sagte, ein Hirseschnaps. Er roch so grauenvoll, dass ihn keiner mochte. Nur ich, der immer schon Fernet-Branca liebte, nahm ihn gerne. Ich litt auch darunter, als man später, als ich wieder zu Hause war, bei meinem Lieblings-Chinesen sagte, der Maotai sei aus dem Handel gezogen.
Er geht mir ab, irgendwie, und jedenfalls sage ich, dass der deutsche und österreichische und schweizerische Bauernobstler, der unser Maotai ist, an jeden Chinesen und Hochland-Tibeter verfüttert werden darf, aber niemals an unschuldige andere Touristen.
Bauernobstler war bei uns immer ein Super-Trick. Viele Inlands-Touristen und alle Auslands-Touristen vermuteten dahinter das Adelsprädikat „home-made“. Das ist leider auch richtig. Er wird tatsächlich meist von Bauern erzeugt und hat nichts mit Edelbränden zu tun. Bauern wie ich – ich stamme zur Hälfte aus der Landwirtschaft – haben lange Zeit geglaubt,

alles Obst, das man destilliere, dürfe auch angeschlagen sein. Und man müsse, da man als Bauer aufs Geld schaue, auch nicht gar so viel vom so genannten „Vorlauf“ und „Nachlauf“ wegschütten. So wurde ein Schnaps daraus, den wir heute nicht mehr wollen. Bauernobstler ist zu einer gefährlichen Drohung geworden.
Sollte man sich zu Qualitätsmaßstäben für den so genannten „Bauernobstler“ durchringen, werde ich der Erste sein, der ihn wieder befürwortet. Bis dahin empfehle ich die reinen und logisch wesentlich teureren, zugleich aber preiswerteren und lebensverlängernden Edelbrände von Freunden wie Gölles, Reisetbauer, Holzapfel und vergleichbaren anderen.

Darf man ALS TRENNKOSTLER EIN ERDÄPFELGULASCH ESSEN?

Ulli Amon-Jell, die witzigste Wirtin von Krems, sagte mir, sie verstehe Trennkost ganz elementar, als Trennung von gutem Essen und schlechtem Essen. Eigentlich sagte sie, sie unterscheide Ulli-Küche und Hundefraß, aber das hat sie sicher nicht so gemeint, sie ist halt manchmal ein wenig resch. Nach dieser Trennkost-Definition wäre Erdäpfelgulasch auch mit hineingeschnittenen scharfen Debrezinern erlaubt. Auch gegen eine Leberkässemmel mit frischer, knackiger Semmel und dünn geschnittenem Neuburger wäre dann nichts einzuwenden. Zumal sie selbst von Hauben-Köchen wie Karl Eschlböck und Reinhard Gerer als bester kalter Snack aller Zeiten bezeichnet wird.

Trennkost im Sinn der Diätforscher und Abspecker ist freilich was anderes: eine Speise, die entweder Kohlehydrate (Kartoffel, Nudel, Reis) oder Proteine (z. B. Fleisch aller Art) enthält, aber nicht beides miteinander. Die Ernährungswissenschaft lehrt, dass unsere Verdauungs-Enzyme nur jeweils eine Art gut verarbeiten können. Man erkennt dies daran, dass man nach Trennkostgenuss putzmunter bleibt und bald deutlich Gewicht verliert. Allerdings lauern drei Gefahren.

Erstens: Manche halten die zwei Wochen nicht durch, die man im Schnitt braucht, um sich an unvermischten Geschmack zu gewöhnen. Speziell Frauen neigen in der zweiten Woche einer Trennkost-Diät dazu, ihre Ehemänner zu schlagen. Wer bis zum kritischen Punkt durchhält, will allerdings oft nicht mehr zurück. Die Reinheit der zwei unterschiedlichen Geschmackswelten hat schon was. Sie gleicht dem sinnvollen Versuch, den

Kaffee endlich ohne Zucker zu trinken, um ihn mit reinem Bohnengeschmack und kalorienfrei zu genießen. Auch dafür braucht man eine Gewöhnungszeit von zwei, drei Wochen.

Zweitens: Charakterschwache Trennkostler sind allzu schnell geneigt, interessante Beilagen und Getränke als „neutral" einzustufen. Das gilt aber nur für wenige Produkte. Grüner Salat beispielsweise darf ungestraft sowohl zu Pesto-Spaghetti (Kohlehydrate) wie zu einem riesigen Porterhouse-Steak (Proteine) genommen werden.

Drittens: Zwischen einem Richtungswechsel (beispielsweise zu Mittag Proteine, am Abend Kohlehydrate) sollten gut vier Stunden Pause liegen. Da dies kein Kochbuch ist, verweise ich für weitere Details höflich auf Fachpublikationen.

Darf man
IN DER FASTENZEIT ENTEN ESSEN?

Diese Frage, die mich aus dem Leserkreis des ersten Knigge-Bandes (*Darf man per E-M@il kondolieren?*) erreicht, ist nicht so bescheuert, wie sie im ersten Moment klingt.
In unseren mehrheitlich katholischen Landstrichen gelten die so genannten „heiligen vierzig Tage“ zwischen Aschermittwoch und Karsamstag als Fastenzeit. Wirklich fromme Herrschaften halten in dieser Frist strenge Regeln ein. Was Getränke betrifft, sperren sie ihren Weinkeller zu und werfen sicherheitshalber den Schlüssel weg.
Das wichtigste, fundamentale Lebensmittel, das in den vierzig Tagen erlaubt ist, ist Fisch. Das hat geschichtliche Wurzeln. Im Quellgebiet der christlichen Religion, dem östlichen Mittelmeer, würden die Menschen ohne Fisch nicht nur fasten, sondern verhungern. Es ist aber fraglich, ob diese Priorität auch für die Waldregionen sinnvoll ist.
Das dachten sich wohl auch manche Mönche Mitteleuropas. Da diese braven Männer ohnehin durch sexuelle Enthaltsamkeit gequält und gewissermaßen Dauerfaster sind, suchten sie einen Ausweg aus der Fisch-Falle. Als feinsinnige Denker fanden sie, was sie suchten. Sie erklärten alles Getier, das sich nahe am Wasser aufhält, zu Fischen. Dabei schwebte ihnen vor allem die Ente vor, die in der *Haute Cuisine* sehr geschätzt wird.
Wir verbeugen uns vor dieser Geistesgeschmeidigkeit – das Wort Schlitzohrigkeit verbietet sich für fromme Herren – und weiten den Gedanken aus. Robuste Esser dürfen nach dieser Verfeinerung der Fastenregel auch über saure Alligatoren-Nierndln, geröstete Flusspferdleber und köstliche warme Biber-Grammeln nachdenken.

Mir fällt auch gerade auf, dass einige der süffigsten steirischen Weine verdächtig nahe an Flussläufen und Weihern gedeihen. Und weiß nicht jeder Fachmann, dass die großen Wachauer Weißweine neben dem kristallinen Terroir auch der Donau ihren Schmelz verdanken?

Darf man ALS FRAU VON WELT FERNET-BRANCA MENTHA TRINKEN?

Diese Frage, die wir der eleganten Leserin Elisabeth G. verdanken, verlangt eine seriöse, mehrschichtige Antwort.

Erstens: Zunächst darf jede *Gentlewoman* alles trinken, was ihr behagt. Wir kennen keine Instanz, die ihr in den Arm fallen dürfte.

Zweitens: Die Frage nach dieser Spezial-Version des weltberühmten, vor allem von Künstlern und anderen alkoholkundigen Männern geschätzten Bitters namens „Fernet-Branca" hat eigentlich nur für Wien einen Sinn. Einzig in der Hauptstadt Österreichs gilt der Mentha, also der Fernet-Branca mit Pfefferminzgeschmack, als Lieblingsgetränk der in Wien so genannten *Liebesdienerinnen* vulgo *Hübschlerinnen* vulgo *Donau-so-blau-Geishas*.

Drittens: Da dieser Berufsstand der Stadt Wien unter ausländischen Geschäftsfreunden schon viel Ehre einlegte und einen unberechenbaren, aber hohen Anteil daran hat, dass Österreich unter 200 Staaten die Nr. 7 im Wohlstand ist, spricht nichts dagegen, als Frau den Empfehlungen der Pionierinnen zu folgen.

Viertens: Fortschrittliche oder jüngere Frauen der so genannten „guten Gesellschaft" könnten anhand des interessant schmeckenden Damen-Fernet-Brancas generell überprüfen, ob die *female high society drinks* wirklich ihre Sache sind: also die Proseccos und die „Sommergespritzten", welch letztere eine Verdünnung der ausnahmslos erstklassigen, österreichischen Weißweine darstellen, also eine Vernichtung von Qualität.

Darf man EINE WEINVERKOSTUNG BOYKOTTIEREN?

„Die Welt hat durch das Außergewöhnliche Wert und durch das Durchschnittliche Bestand."
Baruch Spinoza

Wir sind unter uns. Ich hoffe, dass keiner was weitersagt. Meine Kindheit war merkwürdig. Mit vier Jahren konnte ich das Magazin *Stadt Gottes* lesen. Mit fünf Jahren schrieb ich den *Hundertjährigen Bauernkalender* ab. Mit sechs Jahren trank ich wie Jack London, aber nur Schokoladelikör, den mir die Magd reichte, um meinen unruhigen Geist zu besänftigen. Wie Isaac Stern, der weltberühmte Geiger, darf ich sagen: „Die ersten drei Jahre meines Lebens habe ich rein verplempert."

Der Wein kam viel später, zeitgleich in Griechenland und der Steiermark. Ein griechischer Lehrer, der fünf Jahre Deutschland hinter sich hatte, erzählte auf einer Insel von Aristoteles. Er sprach vom Denken und vom Denken-im-Gehen und vom Wein. Und vom unverbesserlichen Spieltrieb der Männer: „Spielregeln sind älter als alle Gesetze." So lernte ich den Wein und das Spiel. Bald darauf, bei einem Halma-Spiel in Lockenhaus, an der Grenze von Niederösterreich und Burgenland, traf mich zweifach der Blitz. Erstens als Lockenhauserin, zweitens als steirischer Wein, der köstlicher war als der geharzte Retsina. Heute weiß ich: Es war ein Steirerwein der Anfänge. Er war so sauer wie er billig war. Meine Liebe verdankte er der Abwesenheit von Harz.

Meine nächste Etappe zur heutigen Weinliebe hieß Joching. Dort war ein Mann zugange, den alle fairen Winzer den „Doyen des österreichischen Weinbaus" nennen. Josef Jamek war

es, der 1960 den ersten Riesling sortenrein, lagenrein und naturbelassen abfüllte, ohne jede Zuckerung, eine damals extrem tapfere Entscheidung. Viele Kenner rechnen dies als Geburtsstunde der Wachauer Weltklasse.
Ich lernte den Grandseigneur vor seiner Übergabe 1996 an Tochter Jutta und Schwiegersohn Hans Altmann kennen, die sich heute mit eigenen Kindern als glänzende Nachfolger erweisen. Josef Jamek ist unendlich bescheiden und so wie viele Naturverbundene verblüffend witzig.

Ein Beispiel: Ich war mit meinem tapferen Vater im offenen BMW-Cabrio nonstop von Belgien in die Wachau gefahren, eher zügig, getrieben von Hunger und Durst. Wir landeten sonnenverbrannt und fix & foxi. Josef Jamek schob nach unserer Jause Weinkartons in den Kofferraum. Ich sagte ihm, das ginge nicht, ich sei Journalist. Er sagte mir, ich sei ihm egal, aber er schätze meinen geplagten Vater. Dieser hätte einen rücksichtsvolleren Sohn verdient. Mein Herr Papa, der vor zwei Monaten starb, hat ihm das nie vergessen.
Ein paar unscharfe Erinnerungen an die Zeit, als die steirischen Winzer noch hart am heutigen Weltklasse-Ruf arbeiteten. Wer in Wien billig trinken wollte, suchte Weinstüberln auf, die Welschriesling boten.
Manchmal saßen die Spediteure noch dort und erzählten Sagenhaftes über den steirischen Weinbau. Man sei finster entschlossen, zur Weltspitze aufzuschließen. Meine Lieblings-Geschichte handelt vom Winzer X (ich wage es nicht, den Namen zu nennen). Dieser habe mit Steirer-Power die Natur korrigiert. Er habe mit Hilfe von zehn gemieteten Caterpillars über Nacht seine Nordhänge zu Südhängen gemacht. Auch wenn mich alle Grün-Missionare steinigen: bis heute wünsche ich, diese Geschichte sei wahr. Eigentlich glaube ich sie eh. Ich feiere sie als Glanzlicht der zupackenden grünen Panther, die

ihr Bundesland auch in anderen Branchen auf die Überholspur brachten.
Aus dieser Zwischenzeit ist eine einzige Tragödie erinnerlich. Ich schrieb wahrheitsgemäß, mein Gesicht gliche nach dem Genuss des (damaligen) Schilchers dem Anus der Kuh. Das war keine tolle Formulierung, aber ich prüfte den Effekt im Spiegel. Man darf von korrekter Darstellung sprechen. Gleichwohl wurde ich von den letzten humorlosen Steirern mit einer Klage bedroht. Das wäre heute nicht mehr denkbar. Die Schilcher-Steiermark hat alle Spiegel entfernt.
Spätere Generationen werden sich leicht tun, den Aufstieg des steirischen Weines in den Olymp zu datieren. Sie werden sagen, dies sei pünktlich zum Millennium geschehen. Tatsächlich aber waren die Besten schon früher dran, und Vielversprechende sind knapp vor dem Sprung. Heute gilt im Sinne des Philosophen Spinoza, dass die normalen Weine der Steiermark der Welt Bestand geben, und die außergewöhnlichen Weine der Steiermark der Welt den höchsten Wert geben.
Meine persönliche Weinliebe, deren Reifezeit auf ein träges Gemüt schließen lässt, hat nichts mit der wunderbaren Weiterentwicklung des österreichischen Weins zu tun. Oder nur am Rande. Ich war schon beeindruckt, als Parker & Co und alle Feinspitz-Medien immer lauter klatschten. Aber ich brauchte mangels Sachverstand einige Menschen, die mir zum richtigen Glauben verhalfen.
Der wichtigste war der mit Recht so genannte „Weinpfarrer" Hans Denk. Er glänzt mit der höchsten Zustimmungsrate seiner Schutzbefohlenen in mehreren Gemeinden rund um die Wehrkirche Albrechtsberg. Die zweitwichtigste war seine kongeniale Managerin Vera Zedka, der drittwichtigste „Weinprofessor" Bernulf Bruckner. Dessen Buch Der *Weinpfarrer* DENK (Untertitel: *Beichtgespräche*) ist ein grandioser Begleiter für Leute wie mich. Das Bruckner-Buch nicht gelesen zu haben,

gleicht einer Selbstverstümmelung. Zur Illustrierung des Lusteffekts: Was vor dem Buch ein Achtel Most war, ist nach dem Buch ein Viertel der Steirischen Klassik. Man wird dann auch gern statt 50-Cent-Münzen eine 5-Euro-Banknote in den Opferstock der Kirche Albrechtsberg werfen.

Als Niederösterreicher und Teilzeit-Wiener, also Botschafter wichtiger Wein-Bundesländer, registriere ich grimmig, dass der Steirer-Wein die mächtigste Marketing-Waffe führt. Die jährliche Weinverkostung der *Kleinen Zeitung* am Pogusch ist für Jahrhunderte unschlagbar. Für das ländliche Steirereck gibt es keinen Ersatz. Die Wirtsleute Heinz & Margarethe Reitbauer sind auch altmodisch treu. Sie würden niemals mitten im Pferd die Flüsse (sic!) wechseln, um kein Gold der Welt. Sie haben viele Jahre lang auch in Wien gezeigt, was Charakter heißt. Die Kinder, die nun das Steirereck im Stadtpark führen, sind vom gleichen Schlag.

Ich versuche als Niederösterreicher, die steirische Veranstaltung zu sabotieren, so gut ich's halt kann. Ich gebe seit zirka 100 Jahren als Juror meine ehrlichen steirischen Wein-Tipps ab, was anfangs zu höchster Verstörung führte, mittlerweile aber als „Trottelprobe“ ins Gegenteil umgerechnet wird. Ich verwickle schimmernde Gäste wie Simonischek, Moretti, Steinhauer, Hoss, Muster und Roth in lange Gespräche, um sie vom steirischen Wein fernzuhalten. Und ich halte mit dem Sänger & Dichter Willi Resetarits den Weltrekord in versuchter Pogusch-Vernichtung.

Leider misslang zuletzt auch diese. Wir gingen zwar erst um 10.30 Uhr des nächsten Morgens, zwanzig Stunden nach dem Beginn der Veranstaltung. Man winkte uns aber fröhlich nach. Zur Demütigung gab die Steirereck-Mannschaft noch ein Plastiksackerl mit, darin Aspirin und Alka-Seltzer und Basenpulver und Wurzelspeck und Brot und kleine Kostproben vom steirischen Wein.

2.

Lebenskunst

Darf man ALS BÜRGERIN EINES STAATES DER ALPENNORDSEITE DIE SIESTA PFLEGEN?

Antwort: Ja. Sie wird von Ärzten, sofern sie noch ihre Sinne beisammen haben, sogar ausdrücklich gelobt. Allerdings mit kleinen Unterschieden zur klassischen Siesta im Süden Europas. Dort steht sie täglich auf dem Programm, als Schutz vor der Mittagssonne, die weder der Haut noch dem Arbeitsgeist gut tut. Sizilianischer Volksspruch: „Um 12 Uhr mittags sind nur Touristen und Esel auf der Straße."

In Ländern nördlich des Alpenhauptkammes wird die Siesta vor allem fürs Wochenende empfohlen. Am Samstag und Sonntag verdoppelt sie ihre heilende Kraft. Der Zwischendurchschlaf geht dann besonders tief, weil du weißt, dass nach dem Schlaf kein Büro wartet, sondern die Freizeit. Die damit verbundene Gelassenheit und Zeitfreiheit (man muss keinen Wecker stellen) soll insbesondere auch die sexuellen Lebensgeister wach rufen, die während der Woche oft vor dem einschläfernden Fernseher verkümmern.

Deutsche, Österreicher und Schweizer, die sich an Weekend-Siestas gewöhnten, sollen nach kurzer Eingewöhnung sogar zu Sexualwüstlingen geworden sein. Sie erinnerten sich nicht nur an die Vorzüge des Stoßverkehrs. Sie zeigten eine unverzügliche Verrohung der Sitten. Siesta-Aficionados und Aficionadas dehnten bald ihre freundlichen Nahkämpfe auf ungewöhnliche Zeiten und Orte aus. Besonders beliebt: die Toiletten nobler, abendlicher Empfänge von unsympathischen, prüden Gastgebern, oder jene einsamen Waldwege, auf denen schon frühmorgens die Jogger einsam schwitzend des Weges kommen, weil sie die ältesten Turnübungen der Welt längst vergessen haben.

Die Siesta ist allerdings fein vom Power-Napping zu unterscheiden – siehe eine der nächsten Fragen.

Darf man ALS ERWACHSENER MANN NOCH SPIELEN?

„Alte Knaben haben ihr Spielzeug so wie die jungen, der Unterschied liegt nur im Preis."
Benjamin Franklin

In höflicheren Zeiten musste sich jeder Autor *legitimieren*, der die Ehre hatte, für Medien wie *Annabelle* zu schreiben. Er musste nachweisen, würdig zu sein. Ich kann das nicht. Ich habe den schlechtesten Leumund, der sich denken lässt. Die Redakteurinnen der intellektuellen Tageszeitung *Der Standard* verliehen mir schon zweimal die Macho-Zitrone des Jahres. Einmal, weil ich im *profil* (Österreichs *Weltwoche*) unter dem Titel „Das Schweigen der Emma" den Vorschlag machte, die Frauenbewegung in unsere Männerhände zu legen, damit endlich was weitergehe. Ein anderes Mal, weil ich im *trend* (Österreichs *Bilanz*) geschrieben hatte, die Netzwerkfähigkeit der Frauen ende in der Sekunde, da ein für alle Vernetzten interessanter Mann die Bühne betrete. Ich kann nicht ausschließen, auch mit einer Abhandlung über den Spieltrieb ins Fettnäpfchen zu treten. Meine Grundthese dazu lautet in drei Punkten:

Erstens: Männer spielen mehr und länger als Frauen.
Zweitens: Das ist nicht sinnlos, sondern vernünftig.
Drittens: Es führt in vielen Fällen zu einem Vorrang des Mannes vor der Frau.

Wenn es nicht so langweilig wäre, würde ich hinzufügen, dass es auf beiden Seiten auch Ausnahmen gibt. Viele sind es ohnehin nicht. Sie fallen kaum ins Gewicht.
Da ich in Frauenfragen feig geworden bin, habe ich meine

Spiel-Theorie im Freundeskreis bestätigen lassen. Das wäre nicht nötig gewesen, da alle Wissenschafter den Geschlechterunterschied zum Thema Spieltrieb bestätigen.
Grundsätzlich sind in jedem Menschen drei Unterarten angelegt: der *homo lupus* (der Wolfsmensch), der *homo ludens* (der verspielte Mensch) und der *homo oeconomicus* (der versucht, mit den vorhandenen Mitteln ein Maximum zu erreichen oder ein bestimmtes Ziel mit einem Minimum an Energie). In den ersten Lebensjahren scheinen die drei Grundarten auf beide Geschlechter gleich verteilt. Die Buben wie die Mädchen sind kämpferisch und verspielt und tun nur, was unbedingt nötig ist, um ihre Ziele zu erreichen. Allerdings fällt zweierlei auf: Schon die kleinen Mädchen sind beharrlicher und listiger im Kampf um Privilegien (Liebe der Eltern) und ihre Spiele sind nutzenorientiert, während die Spiele der Buben sinnlos und realitätsfern wirken. An jedem Meeresstrand kann beobachtet werden, wie die Mädchen unermüdlich Kekse aus dem Sand stechen, derweil ihre törichten Brüder Burgen bauen, die sie niemals besitzen werden. Noch deutlicher wird der Unterschied dort, wo die rotzigen Mädels Puppen wie Prinzessinnen anziehen, was sie auf den späteren Kampf um einen brauchbaren Mann vorbereitet, die Rotzbuben aber Astronaut spielen, obwohl nur einer von hundert Millionen Männern pro Jahr einen Stehplatz in einem Space Shuttle kriegt.
Warum ist das so? Ich hatte das Glück, Nobelpreisträger Konrad Lorenz kennen zu lernen, und fragte ihn nach diesen (und etlichen anderen) Geschlechterunterschieden. Sinngemäß antwortete er: „Alles, was sie an Frauen nervt, weil es gewissermaßen berechnend ist – auch ihre härtere Hand beim Geld –, müssen sie als Brutschutz begreifen. Im Zweifelsfall waren immer die Frauen, nie die Männer ein Schutz der Kinder."
Was die Unterschiedlichkeit der Kinderspiele betrifft, so führt sie Lorenz als „fix programmiert" in die Frühzeit zurück.

Schon zur Nomadenzeit, erst recht nach Erfindung des Ackerbaus, entwickelten Frauen alle Talente zur Aufrechterhaltung des Heims. Ihnen war auch die Beobachtung und Meldung alles Fremden anvertraut, was heute als Neugier und Tratschsucht in Misskredit geriert. Die Männer jagten im Rudel nach Nahrung, was die Freude am Fußballspiel erklärt. Oft wochenlang fern von zu Hause, entwickelten sie aus Lagerfeuer-Langeweile eine gewisse Trinkfestigkeit, einen Hang zu fruchtlosem Grübeln (heute als philosophische Ader gelobt) und einen generellen Spieltrieb, vom dummen Glücksspieltrieb bis zum Forschungstrieb.
Die wichtigste Prägung von damals: die Frauen hatten mehr Probleme als Zeit und wurden dadurch pragmatisch; die Männer hatten mehr Zeit als Probleme, blieben verspielt, wurden aus Langeweile zu Kunsthandwerkern, Künstlern und Grüblern, die selbst scheinbar sinnlosen „unpraktischen" Dingen gern auf den Grund gingen. Das kam ihnen in den kommenden Zeiten unaufhörlicher Entdeckungen und Erfindungen zugute. Selbst als Köche reüssierten sie, wenn sie wollten. So blieben sie im Geschlechterkampf auch dann noch an der Macht, als ihr ursprünglicher Vorteil, die körperliche Stärke, immer unwichtiger wurde.

Vielleicht kann ich ja einmal eine Freundes-Rose statt einer Macho-Zitrone kriegen, wenn ich folgendes Fazit ziehe: Der sinnvolle Teil der Emanzipation kann für die Frauen nicht darin liegen, männlicher als die Männer zu sein. Sondern darin, endlich auch einmal mehr Zeit als Aufgaben & Probleme zu haben. Diesen Vorteil hatten wir Männer seit der Steinzeit. Wir haben ihn allerdings glänzend genützt.

Darf man SICH DURCH WEINGENUSS DAS LEBEN VERLÄNGERN?

„Es wird a Wein sein, und wir wean immer sein."
Neudeutung eines Wienerlieds

Die Antwort auf diese Frage hat ein spritziges Ziel. Sie soll den klugen Leserinnen und schönen Lesern das Leben verlängern. Sie läuft am Ende darauf hinaus, dass es wahnsinnig gefährlich ist, keinen Wein zu trinken. Speziell Rotwein macht zum Immergrün. Die Hypothesen ruhen auf der wissenschaftlichen Annahme, dass Kenner der Weine der Region Carnuntum ein herrliches Leben führen, das sie ungern verkürzen würden. Meine Leser sind *ab ovo* optimistisch, wild und stark. Medizinische Schluckopfer sind ihnen zumutbar. Speziell Historiker wie Hans Mommsen, Golo Mann, François Braudel, Eric Hobsbawm, Erich Gombrich und Hugh Thomas waren immer schon wissende Trinker. Aus der Antike und dem Mittelalter erreichte sie die wissenschaftliche Botschaft von der Wunderwirkung des Weins. Die Hellenen und Römer priesen neben dem direkten lebensverlängernden Schub des Weines die indirekte psychosomatische Komponente. Wein mache fröhlich – oder erhöhe wenigstens die Qualität der Melancholie. Dieses Wissen versickerte erst in der Neuzeit. Diese fällt durch Bildungslücken und Lustfeindlichkeit auf. Sie wird terrorisiert durch lebensferne Ärzte, auffallend hässliche Körndlfresser und eine lautstarke Minderheit frustrierter Damen mit bedauerlicher Schluckhemmung. Als vor Jahren ein prominenter Wiener Arzt im TV es wagte, eine Flasche Wein pro Tag als keinesfalls gefährlich, vielleicht sogar interessant zu werten, hatte er die Hölle auf Erden. So versickerte auch eine Frohbotschaft aus der kostbaren Region Bordeaux. Dort sei der traurigste Scherz des Schöpfers, dass nämlich Frauen gut zehn Jahre länger halten als Männer, korrigiert. Die Männer haben in der Lebenserwartung aufgeschlossen, durchaus zur Freude der guten Frauen. Jeder weiß, wofür Bordeaux berühmt ist.

Das Bordeaux-Wunder könnte von Weinindustrie und Tourismusverband lanciert sein. Beides ist nicht der Fall. Objektive Wissenschafter sind sich längst einig: Weißwein ist gut, Rotwein ein Wunder.

Südafrikas Star-Chirurg Christiaan Barnard: „Rotwein ist gut fürs Herz." Er liebte seine Heimatweine rund um Stellenbosch „Blaufränkisch Barrique". Sowohl den WHO (World Health Organization)-Untersuchungen wie auch dem *Österreichischen Ernährungsbericht* ist zu entnehmen: Gesundheit korreliert mit reichlicher Verwendung von Gemüse, Obst, Fisch und Rotwein – daher die guten Zeugnisse für die mediterrane und japanische Küche und für begleitenden Wein. Wissenschaftlich klingen die Vorteile des Weines eher fad, ungefähr so: Farbstoffe schützen gesunde Zellen, sind Krebs hemmend und entzündungshemmend. Die im Rotwein vorhandenen Flavonoide kennen die besonders wirksame Gruppe der Anthocyane. Bitterstoffe, Duft- und Aromastoffe senken den Cholesterinspiegel, schützen vor Erregern aller Art. Zum vielleicht größten Problem der höheren Managerjahrgänge heißt es im Gesundheitsbericht: „Die Flavonoide im Farbstoff des Rotweins und die Tannine aus den Eichenfässern schützen vor Gefäßverkalkung."

Besonders weit ging Curtis Ellison, Arzt und Universitätsprofessor: „Alkoholabstinenz sollte in den Katalog der bekannten Risikofaktoren für Herzinfarkt und Schlaganfall aufgenommen werden."

Auch Rene Barths *Wine Spectator* – weniger überraschend – sammelt eifrig die Lawinen günstiger Wissenschafterurteile über Wein. Auszug: „Wir stehen unter anderem vor dem französischen Paradoxon. Niemand konnte sich erklären, warum gerade die Franzosen, die Risikofaktoren wie Rauchen oder fettes Essen geradezu sammeln, eine Lebenserwartung über dem europäischen Durchschnitt haben. Bei den Griechen konnte man das noch aufs Olivenöl zurückführen. Aber die Franzosen sparten auch mit Butter, Käse und anderen tierischen Fetten nicht. Die einzige Antwort ist der relativ hohe Weinkonsum."

Das französische Gesundheitsinstitut INSERM bestätigte nicht nur die positive Wirkung des Weins als Fänger von „Radikalen" (aggressiven Molekülbruchstücken), sondern auch als Artillerie gegen Alzheimer. Womit aber nicht jene zahlreichen französischen Sonderfälle gemeint sein dürften, die fünf Liter pro Tag trinken und an Alzheimer erinnern, ehe sie daran leiden.

Neuere Untersuchungen zeigen übrigens, dass auch der Weißwein als Immergrün-Medizin nicht weit hinter dem Rotwein liegt. Er hilft sogar im Wege des „Weißen Reparatur-Achterls", mehr von der roten Medizin zu vertragen, ohne von der natürlichen Erfrischung in eine unnatürliche Müdigkeit zu verfallen.

Prost, Cheers, Salud und *Salute*, mögen die Jahre jenseits der Hundert lustig sein.

Darf man
POWER-NAPPING ERNST NEHMEN?

Antwort: Ja. Es ist keineswegs abwegig, jede tote Ecke der Zeit für erquickenden Schlummer zu nützen. Es ist nicht einmal unhöflich, dafür öffentliche Räume wie Bahnhofswartesäle, Airports und Ämter zu wählen. Und schon gar nicht, den Zwischendurchschlaf in Verkehrsmitteln zu suchen, im Bus, der S-Bahn, der Eisenbahn, dem Flugzeug und dem Auto, sofern man nicht selbst am Steuer sitzt. Hoffnungslose Schnarcher und Schlaf-Sabberer zeigen vollendete Höflichkeit durch Mitnahme eines schwarzen Schlaf-Stanitzls (für Nichtösterreicher: faltbare, kegelförmige Kapuze, die bis zur Schulter reicht).

Ich empfehle hier eine spezielle Variante des Power-Nappings, die ich von meinen japanischen Freunden lernte. Akio, Kenichi und Ryzaburo sind überlastete Workaholics und kennen sich in diesen Dingen aus. Die Empfehlung ist allerdings nicht ungefährlich. Ich lehne jede Gewährleistung im Schadensfall ab. Die Risiken besprechen Sie bitte mit Ihrem Arzt oder Apotheker.

Worum geht es? Die Japaner sagen, ein Mann komme täglich mit 4 Stunden und 20 Minuten aus. Länger müsse keiner schlafen, vorausgesetzt, er teile den Schlaf richtig ein. Und zwar so: Wir brauchen drei Tiefschlafphasen, die ersten zwei gewinnt man nur durch einen ungestörten Vierstunden-Schlaf. Die dritte Tiefschlafphase hingegen kommt fast geschenkt. Für sie reichen zwanzig Minuten mitten im bio-rhythmischen Tief des Nachmittags. Bei Europäern liegt dieses Tief meist zwischen 15 Uhr und 16 Uhr. Kluge Chefs ziehen sich dann für 20 Minuten in ihr Chef-Separee zurück, minder Privilegierte suchen dafür die Firmen-Toilette auf. Ängstliche stellen den Alarm ihrer Armbanduhr, was aber unnötig ist. Es genügt, sich

die Zeit des Aufwachens optisch vorzustellen. Der so genannte „innere Wecker" funktioniert bei jedem Gesunden so perfekt wie eine Funk-Quarz-Uhr.
Das *japanische Power-Napping* ist wahrscheinlich der wertvollste Tipp, den ich geben kann. Gemessen an normalen westlichen Schlafgewohnheiten kann man damit rund 1.000 Stunden pro Jahr sparen. Das ist ein Riesengeschenk. Thomas Mann schrieb in zirka 1.000 Stunden die *Buddenbrooks*, für die er den Nobelpreis erhielt.
Ein Problem gibt es erfahrungsgemäß mit Frauen. Sie akzeptieren dieses Schlafmodell ungern. Selbst die Ausnahme von 5 Stunden und 20 Minuten, die Japanerinnen zugestanden wird, wird von europäischen Frauen höhnisch abgewiesen. Alle 3.000 Österreicherinnen, denen ich im Jahr 2008 in Vorträgen den Schlaf *à la japanoise* ans Herz legte, lachten mich aus. Unter acht Stunden, so sagten sie unisono, sei von Schönheitsschlaf keine Rede.
Bleiben also nur die Männer, um diese große Idee zu nützen. Und auch da nur jene, die sich an einen Satz des Schriftstellers Friedrich Torberg (im Buch *Die Tante Jolesch oder Der Untergang des Abendlandes in Anekdoten*) halten: „Ein Mann muss nur so schön sein, dass sein Pferd nicht scheut."

Darf man SICH AN LUXUS ERFREUEN?

„Nach Ansicht der Finanzminister ist alles, was für Geld erworben werden kann, Luxus."
Ephraim Kishon

Fangen wir vielleicht damit an, dass der letzte Luxus des Mittelalters die Bibel, und dass der erste Luxus der Neuzeit die Bibel war. Das nimmt dem Begriff das Liederliche.
Vor Johannes Gensfleisch (1400–1468), der sich das feine, beinahe luxuriöse Pseudonym „Gutenberg" zulegte, waren die von mittelalterlichen Mönchen per Hand geschriebenen Bibeln so viel wert wie zwei große Fachwerkhäuser, nach heutigem Maßstab etwa der Wiener Millennium-Tower mit dem Donauturm als Draufgabe. Sie waren ein Luxus allmächtiger Fürsten.
Dann kam die Gutenberg-Bibel, 1452 in Mainz. Gutenberg war ein großer Erfinder. Er erfand die mechanische Druckerpresse und die günstige Legierung Zinn-Blei-Antimon. Vor allem erfand er zum zweiten Mal den Mobilettendruck, den Druck mit beweglichen Lettern. Ob er die Ur-Erfindung der Chinesen nachäffte, wissen wir ebenso wenig wie wir sein Aussehen kennen. Sein Standardbild wirkt heute wie das boshafte Porträt eines damaligen Cartoonisten à la Gerhard Haderer. Es zeigt den Mainzer als Mischfrucht von deutschem Bürger, Dschingis Khan und Attila, vielleicht als Hinweis darauf, dass er sich in Asien auskannte.
Doch selbst wenn er den asiatischen Letterndruck nur „adaptierte", war er in allen Details der Vollender des System-Serien-Drucks. Demgemäß wurde er 1997 von *TIME-Life* korrekt zum Erfinder des 2. Jahrtausends gewählt. Er war der

Erste, der die Bibel vom alten Luxus zunächst zum neuen Luxus machte (in bestechender Qualität in Layout, Grafik und Druck, heute unbezahlbar), und bald danach durch Mengenfertigung zur Handelsware für viele.
Seither haben wir die Wahl, den Neuzeitbeginn mit 1452 oder 1492 festzusetzen. Entweder 1452 mit dem Geistesmenschen Gutenberg, der wesentlich zum Humanismus, der Reformation und dem Alphabetismus beitrug. Oder 1492 mit Kolumbus, einem in spanischen Diensten stehenden Genueser, der auf der Suche nach Edelmetall sein eigentliches Ziel „Indien" verfehlte, aber immerhin das spätere Amerika entdeckte.
Diese Wahl ist insofern glücklich, als sie die heutigen zwei Luxus-Lager widerspiegelt. Hier jene, die im ursprünglichen Sinne der lateinischen Bedeutung den Luxus als „üppige Fruchtbarkeit", reine Freude und Geist begreifen. Dort jene, die der Darstellung von Glanz, Ruhm und Reichtum hold sind. Ich halte mich da raus. Nationalökonomisch sind beide okay. Wirtschaftswissenschafter wissen, dass Luxusprodukte wertvolle Lokomotiven des Wohlstands sind. Alles, was heute preiswert in den Regalen und Hallen der Händler steht, war früher einmal der Luxus von Privilegierten, die als *First-Hour-Users* die Mörderpreise der ersten Stunde zahlten, um dem Rest der Welt voran zu sein.

Demgemäß entspannt schildere ich in den folgenden Absätzen einige Erlebnisse aus 30 Jahren Wirtschaftsjournalismus auf fünf Kontinenten.

Shanghai, 1979. Man führt uns vor, wie westlich China schon ist. Wir lachen uns zunächst halb tot, weil wir uns im Kabarett wähnen. Man zeigt uns Chinesen, die scharf und kalt ihre Untergebenen behandeln. Ihre Ärmel sind aufgekrempelt, damit man die schweizerischen Original-Armbanduhren sieht. Als man schließlich unser erwachendes Entsetzen merkt, sagen sie schnell, sie hätten das in Detroit, USA, gelernt. Einer kommt verlegen zu mir und zeigt mir seine echte Piaget in gelbgold. Er spricht gutes Englisch: „Die ist schon schön?" Antwort: „Ja, sie ist die Schönste unter den Flachsten. Aber sie kommt aus der Schweiz, aus Europa, wo man Angestellte niemals so behandeln würde. Um diese Uhr zu machen, braucht man stolze Meister." Ah, sagt er und geht ab. Später sehe ich, wie er die Uhr seinem Chef zurückgibt. So gibt man Kinder weg, die man eines Tages wieder sehen will.

Shanghai, 1979, zwei Tage später. Praktisch gleiche Szene, diesmal mit einer Leica-M.

Chengdu, Sezuan, 1979: Man gibt uns Bier, „das Beste der Welt, deutsche Gründung vor Jahrhunderten", sagt der Führer und erwartet Lob, das er kriegt. Am Flughafen zeigt er mir verstohlen seinen Stolz, das kleinste Schweizermesser mit drei Tools. Ich fange an, die Schweiz zu hassen.

Lhasa, Tibet, 1979: Nachdem wir im chinesischen, nicht lizenzierten Nachbau des nicht lizenzierten russischen Nachbaus der holländischen Fokker auf 5.000 Meter Höhe flogen, zeigt mir ein Besatzungs-Han-Chinese stolz seinen unverschämten Nachbau eines britischen Vincent-Bikes. „Bestes von Welt?", fragt er. „Bestes von Welt", sage ich unisono mit Helmut Voska, damals *profil*-Chefredakteur, mein mitreisender Kollege und Freund.

Warum alles 1979? Weil schon diese Reise allein hunderte Beweise lieferte, dass auch die Ärmsten etwas Besonderes besitzen wollen, und auch Zeugen wünschen, um es bestätigt zu finden. Luxus ist keine Kategorie, die für reiche Länder gilt. Sie ist für die Ärmeren tausendmal wichtiger.
Eine Erfahrung, die sich später wiederholte. Und dann auch in allen reichen Ländern, mit dramatischen Unterschieden im

Detail. Die folgenden Stenogramme meiner Erinnerung ab 1979 sind mit keinen Jahreszahlen versehen, aber in meinen Reisegeschichten zu finden.
Unvergesslich beispielsweise Air France, Business Class, französischer Künstler, schwerer Raucher. Er besaß das damals beste Gerät von Canon, eine elektromechanische Schreibmaschine, zugleich Mini-Schwarzweißprinter. Er schuf damit wirre Graphiken, druckte sie aus und durchlöcherte sie mit seinen Gauloises: „Damit verdiene ich im Flug den Flug", sagte er und war glücklich, als ich beeindruckt war. Er muss tatsächlich Kohle gehabt haben: Wir tranken Nuttensprudel vom Typ „Dom Perignon" bis zur Landung.
Wechseln wir den Kontinent: Wir glauben aufgrund dummer Märchen und merkwürdiger Bücher, die meisten Digital-Genies von Silicon Valley seien eingeschnorchelte, dicke, pickelige Programmierer, die nichts als ihren Bildschirm im Kopf haben. Tatsache ist: Ich habe in Palo Alto, San Diego und Cupertino mehr frisierte Chevrolet Corvettes und aufgeziegelte Harley-Davidsons gesehen als irgendwo sonst, und alle waren glücklich, wenn sie Europäer trafen, die ihren Luxus erkannten. Selbst Mr. Hewlett, der legendäre Gründer von HP, den ich in seinem Büro eher zufällig traf (ich hatte ein Interview mit CEO Mr. John Young), war nicht unglücklich, als ich auf den luxuriösesten US-Eagle, den ich je gesehen hatte, wies. „Ja, das ist meiner," sagte er.
Im Grunde waren mir die Stolzen angenehmer als die künstlich Gleichgültigen. Anders gesagt: „Aufrichtige Prahlerei ist angenehmer als kokette Bescheidenheit." Die Bescheidenheitsweltmeister gab es daheim in Europa. Ein französischer Auto-Manager lud mich in Paris ins Hotel Crillon, das ich zufällig vom US-manager-of-the-year Leonard Lauder kannte, und sagte, er ginge nur mit wunderbaren Botschaftern des Mozart-Landes Österreich hierher. Als ich höflich verspätet

und dennoch vor ihm kam, fragte man, ob ich den üblichen Tisch wünsche.
Sofern man diese Ebene vergisst, wo man den Luxus des Alltags unterspielt, um bewusst im Hintergrund zu bleiben, ist die Sehnsucht nach Luxus überall evident. Und gar nicht zum Schaden. Wahrer Luxus ist auf lange Sicht immer mit Qualität und hohem Werterhalt verbunden. Hier gilt ein Satz, der meist Winston Churchill zugesprochen wird, tatsächlich aber von Abraham Lincoln stammt: „Du kannst alle Leute für einige Zeit, und einige Leute für alle Zeit, aber nicht alle Leute für alle Zeit hinters Licht führen."

3.

Gesellschaft

Benimmregeln für die Ballsaison
6 FRAGEN, 7 ANTWORTEN

Frage 1:
Darf sich ein Herr einen Smoking/Frack leihen?

Antwort 1:
Die Frage ist beinahe wert, umgedreht zu werden: Darf sich ein Herr einen Smoking/Frack kaufen?
Nach alten Maßstäben der Eleganz: Ja. Kein Gentleman schlüpft in ein Kleid, in das schon ein anderer, bei einer besinnlichen Zigarette auf der Ball-Terrasse, hochblickend auf den Kleinen Bären und den Großen Wagen, mit philosophisch entspanntem Antlitz furzte.
Nach neuen Maßstäben ist die Eleganz mit einem Sinn für olfaktorische Toleranz und Ökonomie zu verbinden. Man weiß, dass jeder Frack und jeder Smoking eine Ausgabe ist, die maximal für eine Saison sinnvoll ist. Es gilt die Faustregel, dass alle braven, also verheirateten BürgerInnen täglich um 2 Deka zunehmen. Alle unbraven Singles, sofern unglücklich, nehmen täglich um 5 Deka zu. Das bedeutet, dass ein Smoking/Frack nur kurze Saisonen überlebt. Vernünftiger Rat daher: leihen, mieten, von Freunden borgen, die schon länger verheiratet oder schon länger unglückliche Singles sind.
Wir plädieren umso mehr für die Borg-Variante, als ein Secondhand-Smoking/Frack von einem First-Tailored-Smoking/Frack nicht zu unterscheiden ist. Dazu kommt der geringere Schmerz, wenn unvermeidlich ein schilcherfetter Kellner das Mayonnaise-Ei darüber wirft oder eine 5-Deka-pro-Tag-Tanzpartnerin, die ihre Kondition überschätzt, sich auf ihren geliebten Partner übergibt

Finale Begründung: Es gibt fast keine Schneider mehr, die noch wissen, was genau ein Smoking oder ein Frack ist. Oder HemdenmacherInnen und Bund-MacherInnen, die wissen, wie's geht.
Good News: Die Slips und Boxershorts und Stutzen der eleganten Tageskleidung bleiben gültig.

Frage 2:
Darf ein Herr bemerken, dass das Ballkleid zu tief ausgeschnitten ist?

Antwort 2:
Er darf nicht. Er muss. Keine Frau wählt ein tiefes Dekolleté, damit es nicht bemerkt wird. Es geht hier nur um die Form des Kompliments. Die im Süden Österreichs weit verbreitete Lobesform „So schöne Tutteln habe ich mein Lebtag nie gesehen!" ist in der Ballsaison zu verwerfen.
Generell gilt: Jede körperlich und geistig gesunde Frau hat zwei gute Gründe, sich aufregend anzuziehen. Erstens: um möglichst schnell vom Richtigen ausgezogen zu werden. Zweitens: um ihre Freundinnen wahnsinnig zu machen. Am besten beides.

Frage 3:
Darf der Ball-Schmuck einer Dame von Swarovski stammen?

Antwort 3:
Selbstverständlich. Andernfalls hätte es seit Jahren keine geschmückten Damen auf Österreichs Bällen mehr gegeben. Außerdem ist Swarovski als Firma tausendmal besser als einzelne Familienmitglieder. Die Produkte sind glänzend. In Südafrika denkt man bei Bällen schon darüber nach, ob die Damen noch altmodische Brüller oder schon echte Silver Crystals tragen.

Frage 4:
Dürfen die Herren an der Bar stehen, während die Damen lieber übers Parkett schweben würden?

Antwort 4:
Selbstverständlich. Ein klassischer Fall von artgerechter Haltung. Männer kommen nirgendwo so gut zur Geltung als in der Stellung von Eroberern. Das linke Bein auf der Barstange ersetzt den Tritt ins Genick des Besiegten. Das Tement-Glasl in der rechten Hand ersetzt den früheren Sieges-Pokal. Diese Haltungsnoten sind historisch verbrieft. Nicht aber das Recht der Frauen auf Tanz. Sie wurden früher in hoch gelegenen Kemenaten gehalten, die keine besoffene Zigeunerband und kein Tänzer je erklimmen konnten. Das Ansinnen der Frauen ist deshalb streng abzuweisen. Jeder Mann, der dennoch tanzt, gibt ein artfremdes Geschenk, das nicht hoch genug belohnt werden kann.

Frage 5:
Darf eine Dame zwei Jahre hintereinander dasselbe Ballkleid tragen?

Antwort 5:
Ja, sie sollte es sogar, wenn sie tapfer und klug ist. Unserer Zeit wurde durch das Fernsehen, das Vergangenheit, Gegenwart und Zukunft in einen bunten Sautrog wirft, völlig verwirrt. Jedes Kurzzeitgedächtnis und Langzeitgedächtnis ging verloren. Eine Lady, die das Kleid des letzten Jahres trägt, wird als Königin eines versunkenen Jahrhunderts bewundert werden und spart damit genügend Geld, um ihrem geliebten Gatten endlich seine teure Lieblingsuhr zu kaufen.

Frage 6:
Darf man im Ballkleid einen Alkopop trinken?

Antwort 6:
Jetzt, da ich weiß, dass man darunter ein populäres (*pop*) alkoholhältiges (*Alko*) Mischgetränk versteht, antworte ich wie folgt: Ja, sofern es nicht mehr als zwei Bestandteile aufweist. Alles mit drei und mehr Elementen ist zwingend an Bermuda-Shorts und Hemden mit Blumenmotiven gebunden oder führt zu schneller Umnachtung. Bewährte Mischklassiker sind Gin-Tonic (schmeckt nur wirklich gut in heißen Gegenden), Bloody Mary (Wodka und Tomatensaft, wirkt nur wirklich gut in kalten Gegenden), ferner große Erfindungen wie Dry Martini Cocktail oder neue, angeblich munter haltende Drinks wie Wodka-Red-Bull, die ich für mich noch im Labor teste. Ausschließlich für Ladys ist gerade noch akzeptabel, wenn hervorragender Champagner durch zweitklassigen Ribisellikör (Cassis) lustiger, aber keineswegs besser gemacht wird.

Antwort 7, ohne vorherige Frage:
Die wahre Lebenskunst, auch in der Ballsaison, liegt darin, zur eigenen Philosophie vorzudringen und wacker zu dieser zu stehen. Das ist nicht einfach. Weshalb man mit kleinen Schritten beginnen sollte. Beispielsweise damit, zwei verschiedene Stutzenfarben zu wählen, oder überhaupt auf Stutzen zu vergessen. Als Wolf Prix (Coop Himmelb(l)au), unser derzeit erfolgreichster Architekt, einmal einen Auftraggeber traf, der keine Stutzen trug, wusste er sofort, er würde für diesen gerne bauen; dieser Mann würde seine dekonstruktivistischen Bauten wirklich lieben und pünktlich bezahlen

Darf sich
EIN MANN MIT ENTBLÖSSTEM OBERKÖRPER IM SESSEL DES STRANDCAFÉS SONNEN?

Also, sonnen darf sich der Gute in jedem Fall. Dieser Teil der Frage ist leicht zu beantworten. Auch Thomas Mann besuchte sein Strandcafé auf Sylt nicht, um dort im Regen zu stehen. Entblößte Brust und entblößte Wirbelsäule wären aber nicht drin gewesen. Allerdings gestattete Herr Mann sich selbst und seinen literarischen Geschöpfen, beispielsweise Gustav von Aschenbach (*Tod in Venedig*), gewisse Marscherleichterungen. Ab 25 Grad lockerten sie Hemdkragen und Krawatte, aber nur so weit, dass der hässliche Kragenknopf nicht sichtbar wurde. Zur Zeit des Elegants und Literatur-Nobelpreisträgers Mann gab es noch keine knopflosen Krägen. Über 30 Grad gestattete man sich auch den Abwurf der Jacke. Aber nur, weil man immer mit Weste, also im so genannten „Dreiteiler", unterwegs war.

Die Frage nach entblößtem Oberkörper hat sich dem großen Literaten schon deshalb nicht gestellt, weil er nur in Strandcafés verkehrte, die einen selbstverständlichen Codex in seinem Sinn pflegten oder mit dezenten Tafeln auf ein unverzichtbares Minimum an Kleidung hinwiesen, wie beispielsweise das *Grand Hotel des Bains* am Lido (Schauplatz der Visconti-Verfilmung von *Tod in Venedig*), das gleich drei Kleiderordnungen kennt: eine für die Tischchen am Sandstrand (fast beliebige Nacktheit), in den hoteleigenen Gärten (nach dortigen Maßstäben halbnackt, also ohne Jackett) und in den Salons, wo großzügig erlaubt ist, im Sitzen das Jackett zu öffnen.

In Unterklasse-Strandcafés wie etwa dem Wiener Gänsehäufel

stellt sich eher die inverse Frage, ob dort auch ein Angezogener sitzen darf, was spätestens in FKK-Strandcafés in ein tatsächliches Kleiderverbot mündet. Komplex wird die Anstandsfrage eigentlich nur in Gegenden, die als halbwegs nobel und zugleich lebenslustig gelten, etwa in den Hauptorten am Wörthersee in Kärnten, im ehemaligen Fischerdörfchen Beaulieu-sur-Mer nahe Nizza oder im stellenweise erstaunlich prüden St. Tropez.
In den dortigen Strandcafés hat wohl das Ästhetische Vorrang. Es gilt das Jovis-Bovis-Gesetz, das dem Hässlichen noch lang nicht erlaubt, was dem Schönen gestattet ist. Auch noble Damen der Wiener Innenstadt, die ich zum Thema befragte, entzückte die Vorstellung eines halbnackten, glatthäutigen Schönlings, aber nicht, wie eine sagte, „das innere Bild eines unregelmäßig behaarten, verschwitzten Affen". Hier sei die Regel, ein Mann müsse nur so schön sein, dass sein Pferd nicht scheue, abzuweisen. Besonders merkwürdig wirkt ein halbnackter Ehemann neben seiner bekleideten, schwangeren Frau. Dieses Bild verdanken wird nicht der kranken Phantasie des Autors, sondern einem Film von Louis des Funès. Dessen Kommentar darin: „Kein Hemd am Arsch, aber einen Braten in der Röhre!"

Auf erhebliche, geschlechtsübergreifende Ablehnung stößt Halbnacktheit von Frauen im Strandcafé. Erstens sei oben ohne nicht immer die reine Erbauung und wenn doch, habe es im Sinne der Verkehrssicherheit der Kellner zu unterbleiben.

Darf man ALS NACKERTA INS HAWELKA?

„Die meisten Fragen sind mir zu hoch."
Albert Einstein

Die Antwort auf diese Frage wird eher kurz sein, ein 1-Meter-Sprung, dem wir 100 Meter Anlauf gönnen, zumal es um die Titelfrage dieses Buchs geht. Und weil das Café Hawelka die sympathischste Kultstätte Wiens ist. *Das Hawelka* ist auch sprachlich nobilitiert. Alles Große wird in Wien ohne Vornamen genannt. Man sagt „die Wessely", wenn man von der großen Schaupielerin spricht. Dementsprechend: *das Hawelka*. Wer Café Hawelka sagt, enthüllt sich als Provinzler oder Tourist aus Timbuktu.

Es ist Dienstag, Ruhetag. Ich darf trotzdem hinein, großes Privileg. Das leere Hawelka ist ein Schock. Spontanes *Déjà vu*. Das gleiche *Feeling* bot einst die leere *Harry's Bar* in Venedig, als ich Karl Kahane, der das Penthouse über der Bar bewohnte, vor dem Aufsperren dort interviewte. Weltberühmte, überlaufene Lokale fallen ohne Menschen in die vollendete Lautlosigkeit eines Erschöpfungsschlafes. Die Luft ist dann dünn und entsetzlich hygienisch, man schwebt durch ein Vakuum, die Schwerkraft ist aufgehoben.
Ich spreche mit Amir Hawelka, 37, heute *de facto* der geschäftsführende Regent, in friedlichem Teamwork mit seinem jüngeren Bruder Michael, 27. Im Halbdunkel der Bescheidenheit darf man sich dahinter noch ihren Vater Günther, 69, vorstellen, den nominellen Boss. Günther Hawelka ist ein überragender Zuckerbäcker mit internationalem Background. Er diente in London und Madrid, und das Ritz in Paris ließ ihn ungern

ziehen, als die Wiener Familienfirma nach ihm rief. Günther darf seinerseits noch zu einem Vater aufblicken.
Dieser ist kein Geringerer als Leopold Hawelka. Der 98-jährige Grandseigneur ist bis heute ein wunderbares Beispiel für die konservierende Kraft harter Arbeit in verrauchten Kaffeehausräumen. So wie Josefine, seine Frau. Als sie 2005 im Alter von 92 Jahren starb, hingen die Fahnen Wiens auf Halbmast. Die engere Hawelka-Community taumelte überhaupt in eine Art Nationaltrauer und verordnete sich pietätvolle Alkoholkuren. Denn so wie die lebende Gründer-Legende Leopold immer das freundliche Herz des Hawelka war, war Josefine die resolute Seele mit ansatzloser Durchschlagskraft und wachem Sinn fürs Geschäft.
Unter ihrem Dirigat wurden selbst die komplizierten Stammgäste, die das Prestige des Lokals wesentlich formten, die Künstler, von Tieren zu Menschen, fast zivilisiert, vereinzelt gar artig, sobald Josefine streng schaute. Jeder Komponist, jeder Maler, Bildhauer, Tänzer, Architekt und Philosoph wusste vor allem: In den heiligen Spätabendstunden ist Wohlverhalten angesagt. Da saß die Herrin des Hauses versunken an ihrem Mini-Tischerl, das aus dem Hawelka so wenig wegzudenken ist wie die Pestsäule vom Graben. Dort, gegen die Sperrstunde, ordnete sie mit überirdischer Liebe die Münzen zu sauberen, artreinen Türmen, jahrzehntelang Zehngroschen-auf-Zehngroschen und Schilling-auf-Schilling, später Cent-auf-Cent und Euro-auf-Euro.

Das Hawelka gehört zu den raren Lokalen, deren Kunst-Prominenz-Aufzählung lächerlich wäre. Alle waren und sind hier daheim, ausnahmslos. Mein Freund Peter Allmayer-Beck, Verleger der „Bibliophilen Edition“, der beste Chronist und Erzähler der österreichischen Nachkriegs-Malerei, kann allein mit Hawelka-Schnurren zwei Nächte füllen. Das Café in der

Dorotheergasse, nunmehr seit x Jahren in Diensten der Schöpfenden und Schluckenden, hat tausendfach Werden & Sterben, Aufstieg und Fall und Wiederkehr, triumphale Sieger und ewige Loser gesehen. Unvergessen vielleicht, wie der internationale Maler-Star Karel Appel seinen goldenen Rolls-Royce vor dem Haus Nr. 6 parkte. Da soll von jenen, die noch auf dem Weg nach oben waren, unheimlich viel Inländer-Rum bestellt worden sein, ohne Kaffee.
Manchmal arbeiten Künstler tagsüber. Es kann vorkommen, dass man keinen Namhaften im Hawelka sieht. Dann sitzen Normalos mit rotem Schal drin, die einander als Künstler bewundern. Es gab Abende, da ich mit Kunst-Titanen wie Franz Ringel, Eduard Angeli, Christian Ludwig Attersee, Erwin Wurm oder Wolfgang Herzig am Hawelka-Stammtisch Platz nahm. Wir sahen im Kontrast zur Gästeschar aus wie grantelnde Kapitalisten, die sich in die Welt der Kunst verirrt hatten.
Es mag für Neulinge sinnvoll sein, drei populäre Eigentümlichkeiten dieser Weihestätte zu nennen. Erstens die tatsächlich grandiosen Buchteln (für deutsche und schweizerische Leser: Hefegebäck mit Pflaumenmarmeladefüllung). Zweitens die Fähigkeit aller Hawelka-Generationen, die Gäste nach den Rezepten für Lasagne und Mussaka zu schichten. Einzig im Hawelka ist ein physikalischer Ur-Satz aufgehoben: Wo ein Körper ist, kann zur gleichen Zeit kein anderer sein. Drittens der entschiedene Kuppler-Charakter der Hawelkas. Von Josefine und Leopold wird gesagt, dass sie ein untrügliches Gespür dafür hatten, welche Gäste zu welchen Gästen passen. Josefine wurde zusätzlich zugetraut, heimtückisch und gezielt Unheil im Wege späterer Ehen zu stiften. Die heutigen Jungspunde Armin und Michael, so sagt man, seien auf einem guten Weg, ihrer vergötterten Großmutter nachzugeraten.

In der linearen, harmonischen Erfolgs-Story des Hawelka gab

es eine einzige Irritation, eine Art Überhitzung. Armin erzählt mir das so, dass seine Großeltern im Jahr 1975 fast der Schlag getroffen habe, in einem Taxi, aus dessen Radio sie folgende Liedzeilen hörten (nicht wirklich übersetzbar für unsere ausländischen Freunde, laut und schnell lesen fördert aber das Verständnis):

Neilich sitz i umma hoiba zwa im Hawelka
Bei a poa Wuchteln und bei an Bier
Auf amoi gibt's beim Eingang vuan an Mords Trara
Weu a Nockata kummt eina bei da Tür.
Da oide Hawelka sogt, suach ma an Platz
Owa sie mocht an Potzn Bahö
Weu sie mant, dass so was do net geht
Und er soll sich schleich'n, owa schnö.

Wir sind da Mitte der 1970er-Jahre. Zwischen den beiden Ölpreiskrisen. Hohe Inflation. Gefahr einer Stagflation. Hysterie. Endzeitstimmung. Auch die Hawelkas nervlich angegriffen. Armin: „Noch dazu waren meine Großeltern immer ordentlich. Sie achteten auf gepflegte Sitten im Lokal. Für sie war das ein Skandal. Ein Nackerter im Hawelka! Nicht auszudenken. Sie hatten echte Angst, dies könne dem Ruf des Lokals schaden. Über Georg Danzer wurde ein Vier-Wochen-Lokalverbot verhängt. Als die Großeltern dann merkten, dass es nicht zum Schaden fürs Lokal war, beruhigten sie sich. Sie versöhnten sich auch mit Danzer wieder."
Seither ist jede Rundfunk-Ausstrahlung von „Jö schau" und dessen Refrain eine entzückende Werbung:

Jö schau, so a Sau, jessasna,
Wos mocht a Nockata im Hawelka?
Geh wui, oiso pfui, meinersö
Hörst i schenierat mi an seiner Stö

Ich rufe Michael, den jüngeren der Brüder an: „Darf ein Nackerta ins Hawelka?“
Michael Hawelka: „Im Hawelka darf man eigentlich alles.“
Übereinstimmung der Brüder. Amir scheint allerdings bemüht, jeden Aufforderungscharakter zu vermeiden. Wir stehen im hinteren Stammtisch-Winkel an der Theke, die sonst eigentlich nicht fürs Trinken und Reden gedacht ist. Für eine Sekunde sieht es aus, als zögen ganze FKK-Vereine an seinem inneren Auge vorbei. Er sagt: „Angenommen, ein Nackerter kommt herein und ist höflich und sagt Grüßgott und setzt sich nieder, würde ich halt ein sauberes Geschirrhangerl nehmen, zu seinem Tisch gehen und es zufällig so fallen lassen, dass es seine Blöße bedeckt.“

Antwort auf die Titel-Frage also: Ja – aber es muss nicht sein.

Darf ein Gentleman MIT EINER DAME UND OHNE GEPÄCK FÜR EINE EINZIGE NACHT IM HOTEL SACHER WOHNEN?

Antwort: Das kommt darauf an. Um das näher zu erläutern, muss ich zunächst auf die spezielle Eigenart des Hotel Sacher eingehen.

Das Sacher ist mir aus drei Gründen unentbehrlich. Es ist ein warmes Plätzchen, wenn du dich mitten in Downtown-Vienna vor der lauten Welt zurückziehen willst, um in Ruhe zu denken, in Ruhe zu schreiben oder die Biografie von Gabriel García Márquez zu lesen. Es ist ferner ein Ruhepol, wenn du dich nach hektischen Weltreisen wieder zu Hause fühlen willst. Jede Wand sieht aus wie Wien, riecht nach Wien und spricht mit dir Wienerisch. Das Sacher hat drittens eine Seite, die weithin unbekannt ist: Es ist keineswegs hoffärtig. Es ist nicht nur gastfreundlich zu jenen, die von Geburt an angekommen sind, sondern behütend, beinahe zärtlich auch zu jenen, die erst auf dem Weg nach oben sind, so ferne sie mit geputzten Schuhen eintreten. Ich habe da selbst viel zu danken, erzähle aber die dramatischere Geschichte eines Freundes.

Stephan Vajda war ein großer Mann. Er war in seiner Heimat Ungarn beliebt als Reporter und Schriftsteller, nicht aber beim kommunistischen Regime. Im Alter von 30,5 Jahren flüchtete er nach Österreich. Nach genau so vielen Jahren und Monaten, als er mit 61 starb, hatte er in einer neuen Heimat und neuen Sprache einen noch höheren Status erreicht: Er war nicht nur ein beliebter Reporter, er hatte auch das unübertroffene Geschichtswerk *Felix Austria* geschrieben – eine auf-

wändige Art von Dank für eine neue Heimat, die ihn gastfreundlicher empfing, als er erwartete.
Ich hatte das Glück, ihn damals als blutjunger Chefredakteur und Herausgeber des *trend* zu entdecken. So fand er, wie er sagte, den „schönsten Arbeitsplatz meines Lebens“. Bald wurde er Leiter des Ressorts „Ost-Trend“, was in Wien ja ungleich mehr heißt als in München, Hamburg oder Mailand. Am Tag seiner Inthronisierung stellte ich ihm frei, wo wir das feiern sollten.
„Im Hotel Sacher“, sagte er, „das ist eine alte Sehnsucht, die ich mir vorbehielt für einen großen Tag.“
„Was werden Sie essen und trinken wollen?“, fragte ich ihn.
„In Ungarn“, sagte er, „kennen wir den Satz, dass Dummheit frisst und Intelligenz säuft. Ich habe nie etwas getrunken, das besser geschmeckt hätte als ein *Marc de Bourgogne*.“
So beriet ich mich mit dem Bar-Team der „Blauen Bar“ im Sacher. Als wir in festlicher Stimmung eintrafen, war ein *Marc de Bourgogne* zur Stelle, aber auch ein *Marc de Champagne*. Dieser wurde von Stund’ an sein Lieblingsgetränk. Stephan Vajda war glücklich über das Sacher und diesen französischen Edelbrand, der bei uns dem besten Trester und in Italien dem besten Grappa entspricht, ohne hier auf Feinheiten einzugehen. Wie Vajda über die unvergleichliche Schönheit und Service-Qualität dieses Hauses sprach, war unvergesslich. Vor allem bewunderte er die lockere, un-affige Freundlichkeit der Wagenmeister, Portiere, Ober und Barkeeper.
Ich erzähle diese Vajda-Geschichte als Sacher-typisch, weil ich keine kenne, die sich so treffsicher mit meinen eigenen Erfahrungen deckte. Ich genoss ja selber viele gute Geschichten vor und nach Vajda, die seine gleichwertig umrahmen.
Damit meine ich nicht die guten alten, halbwegs witzigen G’schichtln über Anna Sacher, ihre Diktatur und ihre Zigarren. Diese sind historisch wertvoll, waren aber für mich nie ein Grund, dem Haus treu zu sein. Nostalgie ist schön, aber nicht

entscheidend. Ein Hotel muss heute funktionieren, hier und jetzt. Das sage ich trotz meiner Zuneigung zu Häusern mit Vergangenheit. Ich habe Hotels wie Raffle's, Peninsula, Bejing International, Reid's, Waldorf Astoria, Hassler, Grillon etc. immer gerne bewohnt und beschrieben. Ich ziehe sie den amerikanischen Kettenhotels vor, die auch ihre Vorzüge haben, aber vom *Genius Loci* her doch Gemeindebauten auf hohem Niveau sind.
Dennoch: Meine Zuneigung gilt dem zugleich alten und modernen Sacher, das Tradition nicht als Vergötterung der Asche, sondern als Bewahrung des Feuers begreift.
Es war berührend und bemerkenswert, dass Prof. Stephan Vajda, der seine seltsame Doppelrolle als Untergebener und zugleich väterlicher Freund genoss, den gleichen Zugang zum Sacher hatte wie zuvor auch ich. Er war als Flüchtling aus Ungarn gekommen, ich als Student aus dem Schwarzatal. Das Ziel unserer Sehnsucht war dieses Haus hinter der Oper. Nicht das Riesenrad, das wir eher am Rande für den Liliom und Film-Liebhaber (*Der dritte Mann*) in uns schätzten. Auch nicht der Stephansdom, den wir gerne mochten, aber nie die Fähigkeit zutrauten, das Universum unserer Sünden zu vergeben. Es war ausschließlich das Sacher, das für den einen wie den anderen das ideale Symbol einer neuen Heimat war.
Auch die Erfahrungen waren die gleichen. Es war eine Art von unerwartetem Glück. Eine positive Überraschung. Ihn wie mich verblüffte eine vorurteilsfreie Freundlichkeit. Wir traten bei unseren Sacher-Premieren bescheiden auf, wurden aber nicht hoffärtig behandelt. Wir blieben bescheiden, das Sacher auch.
Wirklich große europäische Häuser wie das Hotel Sacher zeigen ihre Qualität im Detail und über lange Zeit. Als ich dem Freund Vajda die erste Grabrede meines Lebens gehalten hatte, verließ ich die Trauergemeinschaft des Neustifter Friedhofs, fuhr in die Innenstadt und bestellte in der „Blauen Bar" des

Sacher zwei *Marc de Champagne*. Einen für ihn, einen für mich. Man hat dies für immer registriert.

Inzwischen könnte ich viele andere Sacher-Geschichten erzählen. Vom großen Nationalökonomen Fritz Machlup beispielsweise und anderen nobelpreiswürdigen Auslands-Österreichern, die ich in der gemütlichen Sacher-Halle interviewte. Sie haben in der Wärme dieses Hauses mehr erzählt, als sie anderswo erzählt hätten.

Oder von Abenden und Nächten, wo die menschenkundigen, auch durch TV-Reihen berühmt gewordenen Sacher-Portiere und Rezeptionisten entschieden, ob ein Gäste-Paar ohne Gepäck akzeptabel war oder nicht. Ich werde nie den Abend vergessen, da ich erstmals am Arm einer schönen Frau, die müde war und nach einem sauberen Lager rief, vor die strengen Sittenhüter der Rezeption trat.

Äußerst verlegen sagte ich die Zauberformel aller kultivierten Sünder auf („Die Koffer blieben auf dem Flughafen hängen"). Den Dienst habenden Zerberus, der in diesem Moment über Liebe und Tod entschied, werde ich nimmer vergessen. In vollendeter Schauspielerei, geschult durch die nahe gelegene Oper, breitete er seine Engelsflügel aus. Diese sagten zugleich „Herzlich Willkommen!" und „Das Leben ist hart".

Er murmelte noch etwas Mitfühlendes über die leider nachlassende Sorgfalt der Airlines in der Gepäck-Abfertigung und führte das Paar in eine Art Hochzeits-Suite. Ich glaube, er verrechnete dem Erschrockenen einen äußerst humanen Preis. Er wusste, dass ich a) ein Wiener war und b) nicht zu den Reichen unter den Gästen zählte. Ich war gerade vom Teenager zum Twen gereift, mein ganzes Erspartes steckte in Produkten des nahe gelegenen Maßschneiders Höllwarth.

Ich erzähle dies gern als Kompliment und Triumph der Menschlichkeit. Ähnliches wäre in Asien, den USA oder im restlichen Westeuropa undenkbar gewesen.

Die entsetzliche Perfektion des Sacher zeigt sich auch darin, dass ich seit dem Tag des Abschieds von Prof. Stephan Vajda als erstes Getränk nur noch *Marc de Champagne* trinken darf.
Jener Tag liegt schon lang zurück, es sind bald zwanzig Jahre. Doch über etliche Barkeeper hinweg, die trotz der treuen Belegschaft des Sacher ihr Gesicht wechselten, weil sie in Pension gingen, blieb mein alter Befehl in der sorgsamen Stammgäste-Kartei des Hotels Sacher programmiert. Dieser lautete: „Wenn ich in meine geliebte „Blaue Bar“ komme, trinke ich zunächst zwei *Marc de Champagne*, den Ersten stellvertretend für Vajda, für den ihr das hellste Symbol seiner neuen Heimat gewesen seid.“
So trinke ich seither einen *Marc* um den anderen. Ich kenne kein Getränk, das mir weniger schmeckte als dieses.

Darf man BEIM SMALLTALK DENKEN?

Diese Frage wuchs nicht auf dem eigenen Mist. Sie wurde mir vom österreichischen Nachrichtenmagazin *profil* gestellt. Die Antwort wurde in Ausgabe Nr. 26/2009 wie folgt gesetzt:

Erstens: Es war klug, mich zu wählen. Ich bin Präsident der *Österreichischen Gesellschaft zur Vernichtung der Smalltalker*.

Zweitens: Bestes Gift gegen Smalltalk: Man beantwortet die blöde, ausnahmslos unaufrichtige Start-Frage „Wie geht es Ihnen?" 15 Minuten lang bis ins gleichgültigste Detail. Man wird nie wieder mit dir smalltalken bzw. talken wollen. *Give me five.*

Drittens: Schülern bourgeoiser und aristokratischer Schulen wird gelehrt, übers Wetter zu sprechen, weil das a) jeder kann und b) so gefährliche Wörter wie Sex, Liberalität und Emanzipation ausschließt. Ein gefährlicher Ratschlag, da zwingend das Wort „warm" vorkommt, das folgenden Einwurf ermöglicht:
„Apropos warm. Hat das Wixen von pubertären Buben im kleinen Rudel etwas mit warm zu tun? Und wie haben wir dies wissenschaftlich von erwachsenen Damen zu unterscheiden, die einander im Halbkreis umhockerln und zeigen, wie man die Spirale einsetzt?"

Viertens: Zur Ehrenrettung von Smalltalk: Das kleine Plaudern bei elitären Events öffnete mir den Weg zu Geistesriesen wie Benoît Mandelbrot (Erfinder der Fraktalen Geometrie), Prince Charles of Wales (erstklassiger Agrardenker) und William Reddington Hewlett (Gründer von HP).

Fünftens: Zur wesentlichen Frage, ob man schnell erkennen kann, ob Smalltalk mit einem Fremden sinnvoll ist, empfehle ich ein Blitzgericht à la Max Frisch. Er schrieb nach meiner Erinnerung ungefähr: „Es gibt vier Arten von Gesprächspartnern. Nur zwei Arten sind erträglich. Die ganz Depperten reden über andere Menschen, am liebsten über abwesende, als tiefste Unterkategorie Frauen, die über abwesende Frauen sprechen. Die Halb-Depperten sprechen über Erlebnisse, die logisch hinter ihnen liegen und nur mit ihnen zu tun haben. Die Halb-Klugen sprechen von persönlichen Erlebnissen, aus denen sie eine allgemein gültige Erfahrung zogen. Die Ganz-Klugen reden über waghalsige Visionen des Denkens oder künstlerischen Handelns oder über gar nichts. Wer freundlich schweigt, hat im Smalltalk noch nie verloren."

4.

Geist & Geld

Darf man IMMER NOCH DIE DEMOKRATIE LOBEN?

„Die Demokratie ist die schlechteste Staatsform, ausgenommen alle anderen."
Winston Churchill

Drei von zehn Aufsätzen zum Thema fangen mit diesem Satz Winston Churchills an. Er wird mit Recht oft zitiert. Erstens umschifft er die übliche Schwarzweißmalerei. Zweitens ist er originell formuliert. Drittens ist er nach allem, was wir wissen, grundsätzlich richtig, sofern das Ziel der Politik in einer würdigen Entwicklung aller Menschen liegt.

Die Liebe zur Demokratie ist keineswegs so alt, wie uns Geschichtslehrer erzählen. Das immer wieder beschworene *Scherbengericht* der vorchristlichen Griechen als „Quell-Erfindung der Demokratie" war nichts weiter als eine hübsche, folgenlose Fingerübung brillanter Stadtstaat-Philosophen.

Demokratie-Liebe im heutigen Sinn setzt Verachtung von Diktaturen voraus. Diese wiederum setzt voraus, dass man Diktaturen als solche begreift, also nicht als gottgegebene, unveränderliche Herrschaftsstrukturen hinnimmt. Dieses Denken kam erst spät, praktisch gestern.

Noch in der hoch gelobten italienischen Renaissance konnte keine Rede davon sein. Selbst wilde Künstler wie Michelangelo nahmen als selbstverständlich hin, von Kirchenherren oder weltlichen Adeligen (im Fall eines Medici ein und dasselbe) engagiert, herumdirigiert und bezahlt zu werden. Die überlieferte Aufsässigkeit des großen Bildhauers und Malers Michelangelo Buonarotti hatte nichts mit Diktatur und Demokratie zu tun. Der Künstler erregte sich nur dann, wenn sein Papst Julius wieder einmal eine blöde Idee zur Vollendung der

Sixtinischen Kapelle oder zu seinem Grab-Monument beisteuerte, oder wieder einmal zu spät bezahlte. In Michelangelos Briefwechsel findet sich kein Satz über Politik. Dort ist nur von Scudos, den Euros seiner Zeit, die Rede.

Von politischer Widerborstigkeit kann in der Neuzeit, deren Anfang mit Kolumbus und/oder der Hoch-Renaissance definiert wird, erst ab Luther und später in der Französischen Revolution gesprochen werden.

Der Protestantismus Luthers wandte sich gegen die maßlos korrupten Kirchenherrn Roms (Ablass-Handel). Er war gegen die Gier dieser Diktatur gerichtet, nicht gegen die Diktatur selbst. Sozial-Romantiker der Evangelischen Kirche sehen Luther gern als Volksfreund, wenn nicht gar als Speerspitze des Demokratiegedankens. Dazu war dieser Reformer intellektuell zu eitel. Der Gedanke, wirklich Macht in die Hände der einfachen Bauern zu legen, war ihm fremd. Luthers Kampf war phantastisch und geistig erbauend, doch erreichte er nichts außer blutigen Langzeit-Kriegen und eine Gegenreformation, in der die Kirchen-Diktatur mit der Inquisition ihren grausigen Höhepunkt fand.

Selbst die Französische Revolution, die gegen die weltlichen Könige erstmals ausdrücklich *Volksherrschaft* im Sinn hatte, erwies sich als kontraproduktiv. „Freiheit, Gleichheit, Brüderlichkeit“ wurde zu einer Hohn-Formel, als sich die siegreichen Revolutionäre als despotischer und blutrünstiger benahmen als die Könige, die sie bekämpft hatten. Sie warfen die so genannte „Aufklärung“ weit zurück.

Die Entwicklung seither, mit Napoleon, dem Aufkommen der aufklärungs-wichtigen Naturwissenschaften, dem Ersten Weltkrieg und Zweiten Weltkrieg führte in die Hoch-Zeit heutiger Demokratie-Liebe in Europa.

Sie ist wesentlich ein Verdienst der Vereinigten Staaten. Die USA dürfen sich dies an ihre *stars & stripes*-Fahne heften, und haben

dies auch gründlich getan. Sie sind gerade dabei, ihren riesigen Vorrat an Hochachtung und Sympathie zu verspielen, den sie einst mit dem Marshall-Plan (Versorgungshilfe Europas) und ihrem bunten Fröhlichkeits-Export (Coca-Cola, Camels, Wurlitzer, Jazz, Elvis, türkisfarbene Studebakers) aufgebaut hatten.
Die 1950er-Jahre, die unseren derzeit ältesten Mitbürgern dank „Wiederaufbau" und „Wirtschaftswunder" noch als „Traumjahrzehnt" ihres Lebens in Erinnerung sind, ließen keinen Zweifel zu, welche Staatsform die beste sei. Es war die Demokratie der Supermacht USA, die das totalitäre Regime Hitlers besiegt hatte und das verbleibende totalitäre System „Sowjetunion" im so genannten „Kalten Krieg" bekämpfte. Sie wurde zum logischen Vorbild aller westeuropäischen Staaten.
Die Zuneigung zu den *United States of America* erodierte dank irregeleiteter und schlecht geführter Machtkriege wie Vietnam und Irak. Die Demokratie blieb. Sie musste nie mehr diskutiert werden. Zumal über Jahrzehnte klar wurde, dass die Demokratien jene Staaten waren, die den höchsten Wirtschaftserfolg erzielten.
In den Köpfen der Nordamerikaner und Westeuropäer gab es bald eine Zweiteilung der Welt: Hier sind wir, dort sind die Wilden. Hier bei uns die kultivierte Industrie & Management-Welt. Überall sonst armes Bauernland, besiedelt von Schafen, Kamelen und Hirten; hygienisch meist unter dem Hund; technologisch nur in Spezialbereichen gut, wo Militärs das Sagen haben; mit Reichtum nur für tausend oligarchische Familien, die aus reinem Glück, ohne geistiges Verdienst, über Rohstoffe, Geld und Macht verfügen, etwa in Südamerika, Russland und Arabien.

Gleichung: Demokratien gut, Diktaturen und Oligarchien schlecht. So weit, so prinzipiell richtig und gut.

Die Globalisierung, die viele Ursachen hat (Fernsehen, Fernreisen, rein technisch die Digital-Telecom-Revolution ab den 1980er-Jahren) hat diese einfachen Bilder durcheinander gebracht. Es rächt sich heute, dass man zunehmend nur noch das Ökonomische sah. Man gewöhnte sich daran, beispielsweise Historiker, Polit-Wissenschafter und nicht-ökonometrische (also philosophische) Nationalökonomen ins Abseits zu drängen und immer schlechter zu bezahlen. Bald wird keine österreichische „Glühbirne", die ihre Familie angemessen ernähren will, mehr diese Studienrichtungen wählen.
Die Folgen werden grauslich sein. Schon jetzt finden wir keine wirksame, geistige Durchdringung des Status quo mehr. Die herkömmlichen Vokabeln wie Monarchie, Aristokratie, Oligarchie, Theokratie, Diktatur, Militärherrschaft, Totalitarismus und Demokratie, die man wie reine Begriffe handelt, sind heute reiner Schrott.
Ein Beispiel: Keines dieser scheinbar gläsernen Wörter beschreibt heute gültig die aufstrebenden, mächtigen Massenmärkte und Rohstoffkönige wie China, Indien, Russland, Brasilien und *All-Africa*.
Um es noch detaillierter zu illustrieren: Wie darf man heute China nennen, das einzige Land, vor dem selbst die ur-demokratischen, immer noch reichsten und mächtigsten USA jetzt zittern? Eine Volksrepublik? Lächerlich. Rotchina? Gilt auch nicht mehr, wenn man die Zeit der Mao'schen „Kulturrevolution" als Lineal nimmt. Und warum hieß ausgerechnet Taiwan (Formosa) „Nationalchina," obwohl es das erste China war, das in die Welt hinaus ging?

Fazit: Unsere Wirtschaft als Summe aller die Welt erobernden österreichischen Firmen sollte wieder geistvoller werden. Man sollte wenigstens mit erstklassigen Gründen erläutern können,

warum man heute mit Ländern gut ist, die erst auf dem Weg zu einer Mindest-Ethik sind.
Es gibt dafür Argumente. Man muss sie aber auch formulieren können. Sonst verliert man die Achtung der Jugend, die alles Recht hat, dies zu verlangen. Wird Zeit für alle unsere Eroberungs-Banken und Eroberungs-Firmen, diese Aufgabe intern wahrzunehmen, zu organisieren und reich zu dotieren.

Darf man EIN PATRIOT SEIN?

„Wäre Österreich eine Aktie, ich würde sie kaufen."
Helmut A. Gansterer im *trend*

Man hat mir schon manches nachgesagt.
Beispielsweise „berüchtigten Optimismus" (*Der Standard*). Oder „Lust an Provokation" (*Kleine Zeitung*). Und jüngst lächelte man im Radio (ORF Niederösterreich) über eine „Quadratur des Kreises".
Das bezog sich auf meine Überzeugung, man könne Weltbürger, Europäer und zugleich Patriot sein. Ich bleibe aber bei dieser Auffassung. Mehr noch: Ich halte polyglotte Patrioten für völlig normal. Oder noch krasser: Nur einer, der viel und gern in der Welt unterwegs ist, kann ein zutiefst überzeugter Österreicher sein. Das hat zwei Gründe.

Erstens: Von ferne sieht man schärfer die Vorzüge des eigenen Landes. Zweitens: als Wirtschaftsbeobachter lernt man, auf österreichische Exportfirmen und deren Produkte stolz zu sein. Darunter: Stahl, Werkzeugmaschinen, Wein, Motorräder und Seilbahnen aller Art.

Zweitens: Ich war in Gesprächen mit unseren im Ausland dienenden Diplomaten und Außenhandelsdelegierten zunächst überrascht über Glanz & Gewicht dieser letzten Produktsparte. Das lag vielleicht daran, dass mir Seilbahnen aller Art und Größe so selbstverständlich waren. Ich bin in der schönen Welt der „Zauberberge" Semmering, Rax und Schneeberg aufgewachsen. Und als Biker liebe ich die Serpentinen der Alpen. Seilbahnen *made in Austria* gehören also zu meinem natürlichen Biotop. Erst heute nehme ich sie im Ausland bewusst wahr, und mit größtem Stolz, weil sie dort als besonders innovativ und sicher gelten.

Anlässlich eines *trend*-Interviews mit den Gentlemen von Doppelmayr, dem Technologieführer im Seilbahnwesen, erlebte ich eine Niederlage. Ich regte an, alle Export-Gondeln als Österreichwerbung rotweißrot anzustreichen. Da hat man herzlich gelacht: Bei der Lackierung halte man sich lieber an die Wünsche der Kunden. Das musste selbst ich als polyglotter Patriot so halb und halb einsehen.

Darf man IN ZEITEN WIE DIESEN NOCH REICH SEIN?

„Das zwecklose Geldvermehren
ist ein Erlebnis der höheren Art,
es ist l'art pour l'art."
Martin Walser im Gespräch mit Karl Riffert, *trend* 7/2007

Einen meiner Lieblingssätze schrieb der Weltliterat Joseph Conrad: „Nur ein Elefant weiß, was es heißt, Elefant zu sein." Über Reiche sollte daher nur ein Reicher schreiben. Nicht einer, der bestenfalls wohlhabend ist mit einem Haus, einem Auto, zwei Motorrädern und vier allerdings erstklassigen Tischtennisschlägern. Es sein denn, er hätte als Reporter 30 Jahre dem *trend* gedient und weltweit mehr Superreiche erlebt als die meisten Reichen seines Landes. Dies ist hier der Fall, weshalb ich trotz Joseph Conrad darüber schreibe.

Die wichtigste Botschaft lautet, dass Reichtum nicht automatisch zu Siechtum, Idiotie und Unglück führt. Ganz im Gegenteil waren jene, deren Reichtum mit eigenen Leistungen verbunden war, besonders angenehm. Anders als die noch wild rudernden Mittelmanager zeigten sie drei Vorzüge. Sie waren schon wieder freundlich. Sie hatten schon wieder Zeit. Sie konnten schon wieder zuhören. Sofern man das Kunststück zuwege brachte, die Barrieren zu ihrem innersten Kreis zu durchbrechen.

Meine wichtigste Referenzperson wurde Bill Gates. Ich habe wiederholt wie ein Zirkusaffe mit ihm angegeben. Mit viel Glück interviewte ich den Microsoft-Boss, als er noch bettelarm war, zirka Nr. 20 der Weltreichsten. Später gab es eine TV-

Sendung mit uns auf dem Podium. Irgendwann fragte ich ihn, als er endlich den Sultan von Brunei überholt hatte und reichster Mann der Welt wurde: „Wie lebt es sich mit 50 Milliarden Dollar Privatvermögen?“ Seine fröhliche Antwort, ins Nestroy-Österreichische übersetzt: „Klass!“

Er hat viel damit gemacht. Beispielsweise die professionellste, verlustärmste Aids-Hilfe. Die wiederum den Einzelhandelskönig Warren Buffett als wahrscheinlich Charakterstärksten der Superreichen kenntlich machte. Mr. Buffett war nicht eifersüchtig auf Bill Gates. Er gab ihm angeblich 35 Milliarden Dollar für die Microsoft-Sozialhilfeprojekte, weil „ich sie selber nicht besser machen könnte“.

Weitere, im Namen von *trend* und *profil* und teilweise mit Alfred Worm geführte Gespräche müssen mit Vorsicht genossen werden. Der greise Pionier William Reddington Hewlett (Hewlett-Packard, heute HP) war zu kurz verfügbar. Und Ken Olsen, mit DEC lange Zeit der Mittelklasse-Computer-König, war nicht geizig, nur geistig beengt. Er begriff den PC als Totgeburt kindischer Maturanten (so wurde DEC von Compaq und später Compaq von HP aufgekauft).

Der wirklich reiche Einzel-Europäer war im Aufschwung der Digitalzeit nicht erkennbar, am ehesten Computerpionier Heinz Nixdorf, der alles verspielte, weil er seine Software-Welt zum Nabel der Welt erhob. Umso imponierender manche Japaner.

Olympus-Chef Kishimoto, ein prächtiger Hedonist, sah die Welt der Digitalfotografie bis zum heutigen Tag klar voraus. Und Kaku, der wichtigste Canon-Präsident, hob den Umweltschutz (u. a. den *World Wildlife Fund*) in den gleichen Rang wie die Forschung.

Mein Darling dieser Zeit war Kenichi Yamamoto, Boss von Mazda. Erstens, weil er den todgeweihten europäischen Wankel-Motor zum erhaltungswürdigen Welt-Erbe erhob, noch heute als Mazda RX-8 um ca. 33.000,- Euro käuflich. Zweitens, weil er Herbert Völker (jahrzehntelanger *autorevue*-Herausgeber) und mir beweisen wollte, dass seine Sportwagen schon besser seien als der damalige Porsche 944 (siehe Seite 81). Drittens und vor allem, weil er auf Reichtum verzichtete und sich mit Wohlstand begnügte. Er wünschte sich maximal das Fünffache des Gehalts seiner leitenden Angestellten.

Formeln wie diese sind zwar auch kein Lösung. Und doch: Welch ein Unterschied im Auftritt gegenüber Herrn Ackermann von der Deutschen Bank.

Fazit der Erfahrungen: Die ganz Guten und ganz Großen und manchmal ganz Reichen sind nicht über einen Kamm zu scheren. Sie sind oft klasser als man glaubt, ob man es glauben will oder nicht.

Zum Schluss zwei Lebenshilfen.
Falls jemand wissen will, ob er/sie schon echt reich oder erst wohlhabend ist, gibt es bis heute nur eine sinnvolle Definition: Wenn du darüber nachdenkst, ob du dir eine Yacht, einen Lear-Jet oder einen Bugatti Veyron leisten kannst, bist du schon zu arm dafür.
Alles darunter ist eine Sache der familiären Kalkulation.
Falls jemand das beste Buch zum Thema lesen will – hier ist es. Autor: Hans Haumer. Titel: *Reichtum*. Untertitel: *Metamorphosen eines Menschheitstraums*. Wien 2004, 125 Seiten, 17,- Euro.

Darf man SICH AUSSCHLIEßLICH AUF SEKUNDÄRLITERATUR VERLASSEN?

„Auch an den Hochschulen wird man wieder das Entdecken entdecken."
Adam Bronstein

In den Randbezirken von San Francisco kannte ich Bruno. Er begriff sich als „very used car genius". Er vermietete greise Lincoln Continentals, die als Hängebauchschweine auf den Kuppen der Stadt Funken schlugen, oder auspufflose Chevrolet Corvettes, die die Erdbebengefahr verdoppelten. Das war ganz witzig, hielt sich aber als Geschäftsidee nicht lang.
Bruno ist eine brauchbare Metapher für die heutige Gesellschaft. Auch wir sind dem Secondhand-Gedanken verfallen, allerdings leider im Geistigen, weshalb es viel weniger witzig und noch gefährlicher ist, als es bei Bruno der Fall war. In gewisser Weise sind wir heute das Gegenteil der legendären *Generation X*, die der Schriftsteller Douglas Coupland beschrieb. Damals war von Outlaws und Aussteigern und Neudenkern die Rede, von unangepassten Beatniks und Hippies. Dies war, wie die Älteren von uns aus persönlicher Erfahrung wissen, auf die Dauer auch nicht das Wahre. Statt aber später ein vernünftiges Mittelmaß von sinnvoller Anpassung und lustvoller Abweichung zu suchen, schlitterten wir unmerklich ins andere Extrem.
Eine Grundkraft scheint uns zu zwingen, die Extrema zu suchen. Wir oszillieren gern zwischen Panik und Koma. Das Mittlere bzw. dialektisch Verbundene scheint uns weniger zu liegen. Müsste man nach *Generation X* eine interessante Etikette für uns Heutige finden, fände man die Bezeichnung *Generation Secondhand*.

Unser Grundnahrungsmittel ist gebrauchtes, abgenütztes Wissen, wobei der Vorwurf an die Kopfarbeiter und die so genannten „Intellektuellen" gerichtet ist, letztere verstanden als Geisteskinder mit unbegrenzter Gestaltungsfreiheit.

Erstes Beispiel: Die Gemeinplätze, die unsere Sprache vom Spielfeld zur Gstett'n machen (für unsere deutschen LeserInnen: *Gstett'n* ist ein verwahrlostes Stück Land, wichtiges Gestaltungsmerkmal der Wiener Randbezirke). In den intellektuell fruchtbaren Zeiten wie dem *Fin de Siècle* (um 1900) oder der Zwischenkriegszeit (1918 bis zu den Nazis) galten Gemeinplätze im Milieu der Denker und Künstler als Umweltverschmutzung. Sie ernteten sofortige Verachtung, was sich als Partikelfilter bewährte.

Das ist lange her. Heute kennen sich selbst Kabarettisten in einer Sache so gut aus „wie in meiner Westentasche", obwohl keiner mehr Westen trägt. Man lobt etwas als präzise wie „eine Schweizer Armbanduhr", obgleich die teuren, mechanischen Wunderwerke die letzten sind, die nicht auf die Sekunde genau gehen. Auch der Weltliteratur wird nur das Älteste und Banalste an Gemeinplätzen entzogen. Als Götz-Zitat gilt ausnahmslos „... er möge mich am Arsch lecken", nicht auch das elegante „Wo viel Licht, da viel Schatten". Und aus *Hamlet* ist nur „Sein oder Nichtsein" bekannt.

Man bedient sich aus den Arsenalen des Abgegriffenen. Da wollen die Politiker nicht zurückstehen. Die Nase immer hart am Wähler, blähen sie in deren Winden die Segel: „Es ist mir Ehre und Verpflichtung ..."

Sind die Manager und Unternehmer besser? Mitunter ja. Manche finden eine eigene, starke Sprache und eigene, starke Bilder zur Illustrierung der Ziele. Meist aber gehen sie in die Doppelfalle alter Gemeinplätze und neuer Modewörter. Kaum einer, der aus Prof. Fredmund Maliks *Die gefährlichsten*

Managementwörter (Campus Verlag, 186 Seiten, 19,90 Euro) keinen Gewinn zöge. Ich empfehle und verschenke dieses Buch seit zwei Jahren. Es feit vor gedankenlosem Wiederkäuen von Begriffen wie „Globalisierung", „Nachhaltigkeit", „Leadership", „Charisma" und „Stakeholder Value". Zu meiner persönlichen Einstufung (sieben von fünf möglichen Schreibfedern) trägt auch sein Vorzug bei, dünn zu sein. Ein Wochenende reicht von einem Deckel zum andern.

Sind wenigstens die Wissenschafter vom Abgestandenen befreit? Zum großen Teil NEIN, ganz im Gegenteil. Neun Zehntel aller Diplomarbeiten, Dissertationen und Habilitationsschriften sind Zitatenfriedhöfe, mit besonderer Berücksichtigung der Werke der Doktorväter und Juroren. Früher wurden diese wenigstens noch gelesen. Seit dem Internet ist auch dies Illusion. Es gibt nun die Arbeitsmethode *cut & paste*, also „Ausschneiden & Einkleben". Man zitiert Zitierende, bestenfalls, sofern man die Quellen nicht überhaupt verschweigt. Kühle Spielernaturen kopieren gleich 1:1, großzügig ergänzt durch zwei neue Wörter: ihren Vornamen und Nachnamen.

Um fair zu bleiben: Dieses Problem hat sich herumgesprochen. Es ist fast gelöst. Allein schon die Androhung wasserdichter Wissenschafts-Datenbanken und guter Suchmaschinen (die neue Arbeiten abrastern) wird den Missbrauch radikal eindämmen. Erfreulicher Nebeneffekt: Manche Universitäten überlegen schon, dem „Neudenken" künftig mehr Gewicht beizumessen als dem braven Wiederkäuen des abgenutzten, gebrauchten Kanons. Dessen Kenntnis bleibt den Studenten freilich nicht erspart. Um zu wissen, wo das Neue anfängt, muss man wissen, wo das Alte aufhört.

Darf der Chef FÜNFZIG MAL MEHR VERDIENEN ALS SEINE MITARBEITER?

„Zu wenig und zu viel
ist dem Narren sein Ziel."
Europäische Volksweisheit

Dieser Tage, in Mörwalds Haubenrestaurant im Kremser Kloster. Und, fragte eine Künstlerin, ob es im langweiligen Leben eines Wirtschaftsjournalisten einen Tag voll Freude gegeben habe. Aber ja, sagte ich, eigentlich seien alle Tage spannend gewesen. Als sie Zweifel äußerte, erzählte ich beispielshalber von 24 Stunden in Hiroshima.

In der Nacht war ich mit Herbert Völker, dem besten Motorjournalisten, den Japanern um die Ohren gefahren. Auf der Nacht-Test-Strecke von Mazda, einem Oval mit überhöhten Kurven, bewiesen wir, dass ein Porsche 944 immer noch schneller war als das in Entwicklung begriffene Mazda-RX7-Wankel-Coupé. Am Morgen danach erwachte ich in einem sargähnlichen Holiday-Inn-Zimmer. Es hat nie wieder ein kleineres gegeben. Im Memorial-Park von Hiroshima sah ich dann fröhliche Kinder, die Schmetterlinge fingen. Dies erinnerte an Maos Satz: „Die schönsten gelben Blumen blühen auf dem Schlachtfeld." Anschließend, so erzählte ich, hätte ich ein stundenlanges Gespräch mit Mazda-Präsident Kenichi Yamamoto gehabt, über Gott Mammon und die Welt.

„Oh!", sagte die Künstlerin.

Das eigentlich Fesselnde am Gespräch mit Yamamoto hatte wenig mit Technik zu tun, obwohl er wie Henry Ford, Ettore Bugatti und Ferdinand Piëch einer von wenigen Technikern an der Spitze eines Autokonzerns war. Er sprach lieber davon,

warum sein Jahreseinkommen nur fünf Mal so hoch war wie das seiner besten Mitarbeiter: „Keiner ist zehnmal besser."
Man kam in der bisherigen, moralischen Abwägung auf keinen grünen Zweig. Weder das Sinnvolle noch das Gefährliche lässt sich errechnen. Fast alle, die ich fragte, ob sich die Spitzengehälter objektiv bewerten ließen, sahen aus wie Sigmund Freud, als er gefragt wurde, was Frauen wirklich wollen. Er senkte ergeben sein Haupt und sagte: „Ich weiß es nicht."
Nur die unbekümmert Emotionalen wissen wie immer eine gültige Antwort. Jene, die rechts von Dschingis Khan denken und von allmächtigen Führern träumen, sagen: „Die Besten können gar nicht genug verdienen." Jene, die links von Danton stehen, sagen: „Jedwede Differenz ist entwürdigend und schreit nach Revolution."
Unsere Demokratie ist heute reif genug, die Narren beider Seiten auszufiltern. Das hilft aber in der konkreten Frage nicht weiter. Soll bei den Monstergehältern etwas geschehen? Gilt Augen zu und durch? Oder will man Korrektur? Und wenn ja, warum und wie?

Erster Versuch einer Antwort: Um Himmels willen keinen Eingriff von oben, seitens ahnungsloser Gesetzgeber. Wenn versucht wird, die Einkommen in privaten Unternehmen nach beamteten, weltfremden Kriterien zu regeln, geht es zwingend schief. Es überlastet nur die überlasteten Gerichte. Außerdem wäre es eine absurde Auferstehung des Marxismus. Dessen Versuch, den *output* zentral zu planen, war schon Irrsinn. Wie sehr erst gälte dies für den Versuch, das individuelle *income* zu planen. Da lachen ja selbst die toten roten Spitzenfunktionäre.

Zweiter Versuch einer Antwort: Lernen wir aus der Makro-Ökonomie für die Mikro-Ökonomie. Aus der Volkswirtschaftslehre wissen wir, dass dauerhafte Oligarchien, das Nebeneinander weniger Ultra-Reicher und vieler Armer, zwingend ins Elend führt, Beispiel Lateinamerika. Von den dumpfen Diktaturen in Afrika zu schweigen.

Österreichs Erfolgs-Story hat auch damit zu tun, dass wir eine homogene Struktur zeigen. Der starke KMU-Mittelbau schützt uns auf Unternehmerseite wie ein bewegliches Kettenhemd aus kleinen Titan-Elementen. Auch die Einkommensunterschiede sind moderater als anderswo. Und dort, wo sie jetzt auch in Österreich anfangen, zu nerven und psychologisch gefährlich zu werden, sollte vielleicht einer der Top-Manager freiwillig aufstehen und so ähnlich reden wie damals der Kenichi Yamamoto in Hiroshima.

5.

Mode

Darf man IM TRACHTENANZUG ZUM GESCHÄFTSTERMIN ERSCHEINEN?

„Mit guten Worten und einer Waffe
erreicht man mehr als mit guten Worten."
Al Capone

Dieser Satz von Al Capone ist gut. Er gilt zunächst in der Welt des Verbrechens. Er hat aber auch im Geschäftsleben Gültigkeit, sobald man unter Waffe keine Maschinenpistole versteht, sondern friedliche Hilfsmittel, die den Weg zum Erfolg ebnen. Auch dort sind gute Worte allein zu wenig.
Wie sehen diese Hilfen aus? So komisch es klingt: Man weiß es nicht. Beziehungsweise: alle Antworten, die wir bisher hörten, sind unbefriedigend. Ich versuche, hier neue Antworten für eine neue Zeit zu finden.
Das bisherige Dilemma ist vielschichtig. Bis in die 1970er-Jahre musste man über dieses Thema nicht nachdenken. Das Geschäft lief von allein. Das Nachkriegs-Wirtschaftswunder brachte warmen Regen für alle. Dann, als es schwieriger wurde, mischten sich die Wissenschafter ein. Die Management-Theoretiker ersannen tausend Tipps, Tricks und Waffen, die uns helfen könnten, im härter gewordenen *Business* zu reüssieren. Da war viel Schwachsinn zu lesen. Aber auch der gute Satz: „Der Erfolgreiche denkt mit dem Kopf des Anderen."
Dieses Prinzip ist klug. Tatsächlich ist nachhaltiger Erfolg nur dann möglich, wenn man sich in die Lage seines Geschäftspartners versetzt. Nur so kann man eine *WIN-WIN-Situation* schaffen, in der beide Partner Geld verdienen, Marktanteile gewinnen und zufrieden sind.
Unglücklicherweise hat man an dieser Stelle mit dem Denken

aufgehört. Sie ist erst die Hälfte der Wahrheit. Es geht nicht nur darum, seine Geschäftspartner glücklich zu machen. Sondern so zu handeln, dass man selbst glücklich ist. Und zwar nicht nur in geschäftlicher Hinsicht, sondern umfassend als Mensch, der am Morgen zufrieden aufsteht, ein Liedchen pfeift und sich auf den kommenden Tag freut, in der besten Gesellschaft, der eigenen.

Warum wird diese Seite nie besprochen? Antwort: weil wir geistig verbogen sind. Besser: weil wir geistig verbogen wurden von „Vorgesetzten", die keine Ahnung von Psychologie haben. Von den Eltern, von den Lehrern und den Priestern aller Religionen. Sie wollen uns vor „Egoismus" schützen. Das ist töricht und oberflächlich. So wie es krank machenden Stress und gesunden Stress gibt, gibt es auch zwei Arten von Egoismus. Den grauslichen Egoismus, der rücksichtslos die Mitmenschen beschädigt. Und einen guten Egoismus, der von zwei namhaften österreichischen Wissenschaftern, mit denen ich diskutieren durfte, ausdrücklich gelobt wurde. Nobelpreisträger Konrad Lorenz: „Ohne natürlichen Egoismus gibt es keine Evolution." Sozialforscher Sir Karl Popper: „Auch das kleinste Lebewesen, selbst die Amöbe, ist in jeder Sekunde darauf bedacht, seine Lebensumstände zu verbessern. Warum soll, was für Einzeller gilt, nicht für uns komplexe Mehrzeller gelten?"

Guter Egoismus heißt: die eigene Einzigartigkeit zu erkennen, zu lieben und zu fördern. Darin wird die nächste und wichtigste Revolution liegen.

Noch leben wir im Zeitalter der Furchtsamen und Angepassten. Es wird aber besser. Die Zahl der Lemminge nimmt ab, die Zahl der Individualisten nimmt zu. Äußerlich sieht man dies an der Vielfalt der Kleidung, auch im Geschäftsleben. Ursprünglich war grauer Anzug Pflicht. Dann führte IBM den blauen Anzug ein. Dann wagte Bernhard Görg, damals Personalchef von IBM-Austria, als Revoluzzer neue Farben. In der Freizeit und am Abend, um sich von Smoking-Oberkellnern zu unterscheiden, griff man den Cool-New-Trachten-Look auf, eine der stillen Weltklasse-Nischen Österreichs. Manche Manager wählten ab dem Millennium auch Schwarz-in-Schwarz, was man früher nur Künstlern verzieh.

Ein Intellektueller, Kollege und geliebter Freund, Günther Nenning, wandelte je nach Tageslaune durch all diese Stile. Er war eher auf der Trachten-Linie, in abenteuerlichen Kombinationen. So wie er auch trotzig seine ur-eigene Meinung in die Welt hinausrief, mit wachem Sinn für Provokation. Er war Vorbote einer selbstbewussteren Zukunft.

Was mich an Günther besonders entzückte: Er bekam als Parade-Linker ganz spitze Ohren, wenn ich als wettbewerbsfreundlicher Wirtschaftsjournalist über die Qualitäts-Liebe der Aristokraten und Alt-Reichen sprach. Diese Minderheit lernte über Jahrhunderte, dass es billiger kommt, gleich das Beste zu kaufen.

„Geiz ist geil" war ein wirksamer Werbespruch. Als Lebenseinstellung ist es ein Holzweg. Geiz ist eine Sackgasse, aus der viele Konsumenten erst nach leidvoller Erfahrung zurückfinden. Das gefiel Günther Nenning gut. Und für den folgenden Spruch zahlte er mir sogar ein Achtel Veltliner im Café Landtmann: „Die Qualität der Dinge, die uns direkt berühren, also Essen, Trinken, Kleidung und Handwerkzeuge, dringt im Wege der Osmose über die Haut in unser Herz & Hirn ein."

Bei Nahrung und Kleidung stimmte er zu. Nur bei Werkzeugen hatte er andere Vorstellungen. Wo ich an Notebooks und Internet dachte, dachte er noch unerschütterlich an Schreibmaschine und Fax. Wir waren uns aber einig, dass man Liebesbriefe mit Füllfeder auf Bütten schreibt.

Darf man ALS DAME MIT SPAGHETTITRÄGERN AUFTRETEN?

Antwort: Man wird sehen. Dies gilt als eine der leichtesten, ist aber eine der schwierigsten Fragen. Sie darf vor allem keinem Pfarrer gestellt werden. Sie zerstört sein Bild vom lieben Gott, der alles geschaffen hat, wie es heute ist.
Erst vor 8 Millionen Jahren, als sich der Mensch vom Schimpansen schied, und eigentlich erst vor 5 Millionen Jahren, als er sich als *homo erectus* aus den Gräben von Kenia erhob, ist der Spaghettiträger ein Modethema. Und zwar eines für Männer. Nunmehr aufrecht gehend, brauchte der bekleidete Homo ein Hilfsmittel, das die Fell-&-Haut-Couture an den Schultern festhielt, um nicht zu Boden zu gleiten. Früher, als man noch auf allen Vieren gegangen war, schützte jede lose über den Rücken geworfene Tierdecke vor Fliegenschiss, Bienenstich und Steinschlag. Nun, im aufrechten Zustand, befestigte man die schützende Leibeshülle mit verzopften, dünnen Farnfasern, die das Kleid zuverlässig an den damals noch breiten Schultern festhielten. Die so genannten Farnträger oder Faserntträger hinderten das Fell daran runterzufallen.
Schon damals galt: Für dünne Kümmerer genügt ein Zopf aus drei Farnfasern. Dicke Stammeskönige und fleischige Königinnen brauchten bis zu fünfzig Farne für die Träger, damit sie ohne Schmerz auf den weichen Schultern lasteten.
Daran hat sich bis heute wenig geändert. Nur das Material wurde smarter. Statt Pflanzenfasern kam Baumwolle zum Einsatz. Der Name aber wurde nicht zu Wollträger verändert. Er lautete bald Spaghettiträger, weil italienische Kardinäle und ihre katholischen Kurtisanen die ersten waren, die teure Stoffe an dünnen Baumwoll-Trägern trugen. Man hat die Italiener

vom ersten Moment an Spaghetti genannt, vor allem im Norden, wo die Germanen noch in den Wäldern hausten und sich für unglaublich hart hielten. Die Italiener waren weiche Nudeln, basta. Der Begriff *al dente* taucht erst später auf. Kein Germane kümmerte sich darum, ob ein Italiener, den er fraß, bissfest war.

So ging der *Spaghettiträger* in die Modewelt ein. Und trat bald von der Männerwelt in die Frauenwelt über. Auch hier waren Italienerinnen die Avantgarde. Apulierinnen wollten in hitzigen Nächten nur mit federleichten Negligees (wörtlich übersetzt: „das Nichtige") auf den Balkon treten. Dies war aufgrund ihrer schweren Brüste nur mit den neuen Kleiderträgern der Männer möglich. So wurden die Spaghettiträger weiblich und über die Friseurzeitungen ihrer Zeit zum Standard.

Einschub der Lektorin Johanna Sachslehner:
Ist Ihnen dieses Kapitel zu lang? Dann blättern Sie als
Tier bzw. Mann einfach zur nächsten Knigge-Frage weiter.
Wir Frauen wollen das genauer hören!

Dies wiederum ermutigte die Pariser Modeschöpferin Coco Chanel zum größten Geniestreich der Modegeschichte. Sie erfand DAS KLEINE SCHWARZE als Allzweckwaffe der eleganten Frau, je nach Alter variabel in der Länge und in der Breite der bruststützenden Träger. Pariser Nationalisten sprachen anfangs von *Richelieus*, weil dieser kirchliche Schurke so dünn war. Schließlich aber sprach man auch in Paris von Spaghettiträgern.

Heute erleben wir die Tragödie einer wechselseitigen Überspitzung. Flachbrüstige Kindfrauen wie Kate Moss nehmen breite Träger, um mächtige, kaum zu bändigende Titten anzudeuten. Mollige Gräfinnen hingegen wählen drahtfeine Seidenschnüre, um den Wildwuchs zu kaschieren. Der wissende, scharf blickende Gentleman, dem wir im besten Buch dieser

Zeit begegnen (*Der neue Mann von Welt*, Molden Verlag, Wien 2008), erkennt die Wahrheit an der Stelle, wo der Spaghettiträger ins Schulterfleisch schneidet.
Diese Stelle wird bei öffentlichen Empfängen gern mit opaken Seidenschals venezianischer Schatzkammern kaschiert, die für einige Zeit alle Leute und alle Leute für einige Zeit, aber nicht alle Leute für alle Zeit in die Irre führen können.
Der gefährliche Spaghettiträger enthüllt auf kurz oder lang alles, die Jugend und das Alter und das sinnliche Gewicht. In der Welt der Liebenden spielt dies keine Rolle. Die Töchter nützen einen kurzen Moment des Triumphs. Sie treten ohne Spaghettiträger auf, bis zur eigenen Tochter.

Darf eine Frau in den besten Jahren DIE GLEICHEN JEANS/MINIRÖCKE/STÖCKELSCHUHE WIE IHRE ERWACHSENE TOCHTER KAUFEN?

Vorwort: Diese Frage wäre dem Autor nie eingefallen. Sie ist einer der Flüche seiner Idee, die Leser des ersten Darf-man-Bandes (*Darf man per E-M@il kondolieren?*) zu ermuntern, eigene Fragen zu stellen, was vor allem von Frauen genützt wurde.

Antwort 1: Jede Frau jeden Alters darf alle denkbaren Jeans/Miniröcke/Stöckelschuhe kaufen. Die Frage war wohl so gemeint, ob sie diese auch tragen dürfe.

Antwort 2: Ja, wenn sie auf ihre Weise so gut oder besser aussieht als die Tochter. Dies ist in Europa relativ oft der Fall, auch in Japan, Südkorea, Nationalchina, Rotchina und Indochina. Die Lächerlichkeit der Mütter in zu jungen Töchter-Kleidern wurde vor allem in den USA publik. Dort fallen überdurchschnittlich viele Jung-Mütter schon ab 25, spätestens ab 40 Jahren durch alle Siebe der Ästhetik. Hauptgrund: Sie kochen nicht mehr selbst, sondern ernähren sich ausschließlich von fertigem Junk-Food. Sie futtern Hamburgers, letztklassige Pizzas und jene halbfertigen Mikrowellen-*Convenience-Produkte*, die Fett als natürlichen Geschmacksverstärker verwenden, dazu Glutamate als künstliche Geschmacksverstärker. Dieser mehrseitige Angriff bringt jedes Idealgewicht um.

Antwort 3: Selbst überreife US-Girls in pinkfarbenen Hot-Pants werden daheim nicht verlacht, weil dort (positiv gesehen) jeder jeden leben lässt, wie er will oder (negativ gesehen) sich keiner für den anderen interessiert. In Europa und Asien gelten dicke US-Touristinnen in Teenager-Kleidern als ästhetische Umweltverschmutzung. Selbst schlanke Einheimische werden streng beurteilt. Eine Fünfzigjährige in Short-Hot-Pink gilt etwa so viel wie ein fünfzigjähriger Mann im Matrosenanzug.

Antwort 4: Europas und Asiens Frauen haben diese Dramatik im Griff. Seit Jahrhunderten finden sie eine ideale Balance. Sie kennen gute, dramatische Reife-Farben wie Rot und Schwarz und Weiß, so wie ihre Männer. Wie diese halten sie sich sinngemäß an den genialen Werbespruch des Männer-Labels *Baldessarini*. Diese Top-Marke des Boss-Konzerns wirbt mit dem Satz: „It differentiates the men from the boys." Kluge Frauen greifen den ruhigen Baldessarini-Schnitt auf: „Er unterscheidet die Frauen von den Mädchen."

Eine Extremlösung hatte Literatur-Nobelpreisträger Yasunari Kawabata im Sinn. Er wollte eine Frau beschreiben, die sich zeitlebens nur mit einem feinen Lächeln bekleidete. Leider starb er 1972 in Zushi bei Yokohama.

Darf ein Gentleman ZUGEBEN, NICHT GERNE KLEIDUNG EINKAUFEN ZU GEHEN?

Phil ist mein Freund. Das färbt ab. Wir haben parallel Freude am Leben und hatten ein wenig Erfolg. Wir lebten nach dem Prinzip des Aufstiegs, in jeder Hinsicht. Der schöne Satz *Another year, another kilo* begleitete uns. Er galt für unsere Gehälter und unser Körpergewicht.

Wir haben auch die gleiche Vorstellung vom Einkaufen, von Modegeschäften und von Fitness und wie das alles zusammenhängt.

Fangen wir so an: Es gibt kaum eine Frau, die ungern Kleider kauft, und umgekehrt kaum einen Mann, der's gerne tut. Viele Frauen bringen ihre Männer nur unter Androhung hysterischer Anfälle in die Modeabteilung – und dann haben sie keine Freude damit: Der Mann will spätestens in fünf Minuten wieder draußen sein. Dafür haben Frauen kein Verständnis. „Das kann man doch nicht einkaufen nennen!", rief eine entsetzte Dame, als ich jüngst in Villach ein Wäschegeschäft betrat, präzise beschrieb, was ich wollte (mit Modellbezeichnung, Größe und Farbe) und in 150 Sekunden fertig war, inklusive Kreditkartenabzug und Rechnung.

Woran mag das liegen? Daran, dass man den Männern traditionell beibringt, Geschwindigkeit sei alles? „Nicht der kleinere oder größere Unternehmer wird gewinnen, sondern der schnellere", schrieb das Wirtschaftsmagazin *trend*. Selbst beim Radfahren genießen Frauen die Landschaft – und Männer möchten eher schnell am Ziel und beim Gspritzten sein.

Das ist aber nicht die ganze Erklärung. Ein Teil der Abneigung mag auch mit Fehlern der Modehäuser zu tun haben. Neun von zehn Herrenboutiquen sind falsch angelegt.

Erstens möchte man nicht von Schönlingen bedient werden, an denen jeder Fetzen perfekt wie an einem Kleiderhaken hängt, während man selbst, im Vergleich zu diesen Sales-Models, auch in raffinierten Versace-Jeans, einem Boss-Sakko und einem Gil-Ledermantel bestenfalls passabel aussieht. Zweitens hat man auch keine Chance, sich selbst zu gefallen. Das liegt an den Innenarchitekten. In einer engen Umkleidekabine fühlt sich jeder zu fett. Und ein unbegreiflich helles Licht, oft Neon, macht dich zum bleichen Lurch und Grottenolm, selbst wenn du gerade in der Karibik warst. Dazu kommt: viel zu nahe am Körper stehende Ganzkörperspiegel drücken die Perspektive, sodass auch normal gewachsene Männer aussehen wie Danny DeVito.
Psychologisch ist das letztklassig. Kunden kehren instinktiv dorthin zurück, wo sie sich halbwegs attraktiv fühlten, nicht dorthin, wo sie entstellt wurden. Das weise Herrengeschäft bietet weiches, warmes Licht und getönte, konkav gebogene Spiegel, um das Selbstbewusstsein aufzubauen.

Die entstellten Mode-Kunden haben nach dem Verlassen des Geschäfts zwei Möglichkeiten. Entweder suchen sie den Freitod oder geben zumindest den Kampf um ein modisches Äußeres auf. Oder sie werden, entsetzt von ihrem eigenen Anblick, der Fitnessbewegung in die Arme getrieben, was ich im Zweifelsfall befürworten würde. Wer sich resigniert fallen lässt und in die Welt jener eintritt, die nur noch weiche, schlappe, alte, gemütliche Übergrößen tragen, verliert einfach zu viel. Er wird bald nur noch Gespielinnen finden, die es genau so halten.

6.

Beruf & Bildung

Darf man
SICH MIT EINER EIGENEN WEBSITE GÜNSTIG DARSTELLEN?

Antwort: Ja. Ich bitte darum, unbedingt. Ich möchte dies temperamentvoll unterstützen, sofern Sie einige Regeln beherzigen, die ich in der Antwort zur Frage „Darf man die Visitenkarte neu erfinden?" nenne. Darf ich Sie bitten, zur nächsten Frage weiterzublättern? Schalten Sie auch gleich Ihren PC ein und den Internet-Browser, der bei Windows-PCs meist „Explorer" heißt, beim Apple-Mac „Safari".

Darf man DIE VISITENKARTE NEU ERFINDEN?

Antwort: Ja, vorausgesetzt, Sie halten sich dabei an meine Ideen. Ich habe die Visitenkarte neu durchdacht, in meiner Funktion als Präsident der *Österreichischen Gesellschaft zur Beförderung einer modernen Höflichkeit*.

Wie wichtig diese Gesellschaft ist, erkennt man schon daran, dass wir das Thema „Visitenkarte" erneut aufgreifen müssen, obwohl es schon im ersten *Knigge des 21. Jahrhunderts (Darf man per E-M@il kondolieren?)* vorkam.

In den 24 Monaten, die seither vergingen, ist das Internet so wichtig geworden, dass es auf viele Lebensbereiche abstrahlt. Auch auf das Thema dieser Frage. Im Nachrichtenmagazin *profil* beschrieb ich das Internet als mittlerweile unverzichtbares Spielfeld aller Persönlichkeiten, die im Berufsleben stehen und/oder gesellschaftlich eine Rolle spielen.

Wer nicht als hoffnungslos veraltet gelten will, sollte seine eigene Website haben. *Website* ist das, was man fälschlicherweise *Homepage* nennt, worunter streng genommen nur die erste Seite einer Website zu verstehen ist. Ich weigere mich, diese Schlamperei mitzumachen. Anderseits will ich die Sache für Internet-Anfänger nicht unnötig komplizieren.

Also: Website ist, wenn Sie Ihrem PC den Befehl www.gansterer.at einfüttern. Eine Sekunde später können Sie alles über Ihren Lieblingsautor lesen, in sauberer Ordnung und appetitlicher Gestaltung.

Es wäre töricht, das *World Wide Web* (www), das ein Teil des Internet ist, nicht als beste Visitenkarte aller Zeiten zu nützen. Anfangs begriffen das nur große, multinationale Companys. Bald darauf auch kleine Unternehmer. Heute freut sich jeder Installateur und Tischler, seine Leistungen in einer eigenen

Website gründlich darstellen zu können, viel genauer und auf lange Sicht billiger als früher in den so genannten Branchen-Telefonbüchern. Nun hat das Internet auch den Einzelnen und das Privatleben erreicht. Frauen und Männer im aktiven Berufsleben werden ohne eigene www-Adresse bald unzeitgemäß wirken. Mein Tipp: bemühen Sie sich schnell darum. Dann ist Ihr schöner Name vielleicht noch frei.
Die Website erklärt Ihre Persönlichkeit in beliebiger Ausführlichkeit, notfalls auch mit Ton und Film. Ich empfehle indes, nicht zu übertreiben, es sei denn, es passt perfekt zum Beruf. Wer alle multimedialen Möglichkeiten nützt, hat einen hohen und teuren Programmier-Aufwand, und die Besucher der Website ärgern sich über die längere Wartezeit beim Öffnen.
Logische Folge von www: Ihre klassische Visitenkarte auf Karton darf nun extrem nobel ausfallen. Sie darf endlich wieder die Eleganz von früher zeigen. Also: teures Bütten, dazu erhabener, mit den Fingerkuppen fühlbarer Stich, vielleicht auch Blinddruck. Viel Weißraum und wenig Text. Nun genügen ja zwei Zeilen. Beispielsweise erste Zeile: Helmut A. Gansterer. Zweite Zeile: www.gansterer.at.
Was aber, wenn man die Karte einem greisen Admiral der Donau-Marine oder einer betagten Opernsängerin überreicht, die sich keinen PC mehr antun, diese Geräte vielleicht sogar hassen? Für diese Fälle trägt der Gentleman eine erstklassige, teure Füllfeder bei sich (ich empfehle Montblanc, Pelikan, Faber-Castell und Waterman) und ergänzt die gewünschten Daten handschriftlich.
Treue Leser werden fragen: „Was ist mit dem eigenen Porträt auf der Visitenkarte? Sie haben dieses in Ihrem letzten Knigge befürwortet. Sie sagten: Eitel sei nicht jener, der sein Bild auf der Visitenkarte zeigt, sondern jener, der es nicht zeigt – er bildet sich ein, allein mit seinem Namen für immer in Erinnerung zu bleiben!?“

Ich danke für die kluge Frage. Sie bringt mich in Verlegenheit. Die Antwort lautet: Ich trete von dieser Idee zurück. Sie war gut gemeint, aber nicht mehrheitsfähig. Viele elegante Damen und Herren sagten mir, die Idee sei bestechend, aber ihrer Zeit zu weit voraus. Sie würden mit Porträt-Visitenkarte trotzdem als eitel gelten. Auch müssten sie, sagten die Damen, nach jeder neuen Frisur neue Visitenkarten drucken lassen, trügen aber das Geld lieber zum Friseur.

„Ein eleganter Erwachsener muss alle primitiven Signale meiden, die der Umwelt zeigen, wie klass er ist."

Darf man VON „ARBEITGEBERN" UND „ARBEITNEHMERN" SPRECHEN?

Ja, aber nur um der Verständlichkeit willen. Und hoffentlich nimmer lang. Diese Begriffe sind zählebig. Sie kommen immer noch in den Statistiken vor. Im Grunde sind sie so schwachsinnig wie „Brötchengeber". Sie wurden einst von smarten Industriellen erfunden und von schlichten Gewerkschaftern nicht durchschaut. Sie weisen dem Unternehmer grundsätzlich die höhere Position und der Belegschaft die tiefere Position zu. Der Unternehmer schenkt die Arbeit, die Arbeiter & Angestellten nehmen das Geschenk dankend an.
Im Wortsinne könnte man es durchaus umgekehrt formulieren: Der Unternehmer als Arbeitnehmer nimmt die Arbeit seiner Arbeitgeber, die so heißen, weil sie ihre Arbeit geben. Nur würde man mit dieser Umdrehung auch nichts Klügeres schaffen.
Im Sinne einer modernen Wirtschaft, in der die Unternehmer und ihre Mitarbeiter eine WIN-WIN-Situation anstreben, in der beide voneinander profitieren, wäre es schön, wenn auch die Sprache nachzöge.
Das Wort *Unternehmer* zu ersetzen, wäre töricht. Es gibt kein Treffenderes für Menschen, die etwas auf eigenes Risiko unternehmen, um entweder reich zu werden oder unterzugehen. *Unternehme*" darf also im Duden stehen bleiben. Und was die *Mitarbeiter* der *Unternehmer* betrifft: Warum sollte man sie nicht so nennen? Man sollte endlich anfangen, nur noch von *Mitarbeitern* zu reden. So lange, bis dieses Wort von der Werkskantine über die Zeitungen bis in die Tabellen des Statistischen Zentralamtes selbstverständlich geworden ist. Das Wort *Mitarbeiter*, je länger ich's überlege, ist ideal, sogar genial, auch

als Ersatz für „Arbeiter und Angestellte". Arbeiter im klassischen Sinn gibt es ja nicht mehr viele, und Angestellte werden bei der heutigen Vorliebe für Teilzeitmodelle und Werksverträge auch immer weniger. Der Begriff *Mitarbeiter* würde all dies genial einschließen.

Eigentlich hätte das längst den Gewerkschaftern einfallen müssen. Aber denen fällt generell wenig ein. Und sprachpsychologisch sind sie ungeschickt wie am ersten Tag. Es sind ja ausgerechnet die Betriebsräte (auf Firmenebene) und die Gewerkschaftsabgeordneten (im Parlament), die am häufigsten den elenden Begriff verwenden, der für die Mitarbeiter so demütigend ist, also *Arbeitnehmer*. In schweren Fällen hört man aus dem Mund von Gewerkschaftsfunktionären sogar noch das Wort *Lohnabhängige*, das man erst gar nicht hätte erfinden dürfen.

Darf man „BRÖTCHENGEBER“ SAGEN?

Keineswegs, auch wenn gut 50 Prozent der unselbstständig Beschäftigten diesen Ausdruck verwenden, als vermeintlich witziges Synonym für das Unternehmen, in dem sie arbeiten. „Brötchengeber“ ist aber nicht witzig, sondern traurig. Der Begriff leuchtet aus der Finsternis der Sklaverei in die Jetztzeit. Er wurde im Sinn von „Ernährer“ allen noch so grausamen Unternehmern zugesprochen, die den Arbeitern und ihren Familien die Grundbedürfnisse befriedigten: Essen, Trinken, einfache Kleidung und Unterkunft.
Moderne Unternehmen, die einen Sinn für Ethik entwickelten, weisen von sich aus das schreckliche Wort „Brötchengeber“ ab, in Österreich auch deshalb, weil dort Brötchen „Semmeln“ heißen. Wer will schon ein „Semmelgeber“ sein?

Darf man
DIE FIRMA BESCHIMPFEN?

Antwort: Nein. Echt peinlich. Und beinah so primitiv wie die öffentliche Verachtung seines Ehepartners. In beiden Fällen fällt das böse Wort auf den Sprechenden zurück. Jeder Ohrenzeuge fragt sich ja unverzüglich, warum denn der Kritiker mit dieser Person zusammenlebt oder in dieser Firma arbeitet.

Wer seinen Arbeitgeber schlecht macht, enthüllt nicht diesen, sondern sich selbst. Und zwar gleich mehrfach. Erstens als einen von jenen, die jede Schuld am eigenen Unwohlsein auf andere abschieben. Zweitens als einen von jenen, die alles Übel im Wege einer Verschwörungstheorie den so genannten „Oberen" und „Höheren" zuweisen: dem Abteilungschef, dem Unternehmer, vielleicht auch dem Wirtschaftsminister oder gar dem Wirtschaftskammerpräsidenten, am Ende noch den Wirtschaftsberatern des lieben Gottes.
Einer, der so spricht, im Wirtshaus oder im Kreis seiner Verwandten, will damit bewirken, dass man ihn als Besseren erkennt, der nur durch das böse Wirken von Anderen gebremst wird. Tatsächlich aber macht er sich damit lächerlich. Er macht sich kenntlich als einer, der nicht die Kraft hat, eine für ihn unliebsame Stellung zu verlassen und sich selbst zu helfen.
Hier wird ein Satz wirksam, den treue LeserInnen des Autors schon aus dem Buch *Darf man per E-M@il kondolieren?* kennen. Jeder hat die Chance, seine Lebensumstände nach dem selbsterklärenden Schiedsspruch „LOVE IT – CHANGE IT – OR LEAVE IT" zu überprüfen. Es genügt, einmal pro Jahr zu überlegen, ob man das, was man hat, noch liebt oder nach Veränderung noch lieben kann oder verlassen muss.

Wer diese Selbstüberprüfung unterlässt, hat jedes Recht auf Klage verwirkt – egal, ob es sich um Ehepartner, Geschäftspartner oder die Firma handelt, in die man täglich zur Arbeit geht.

Darf man
SICH HEUTZUTAGE SORGEN MACHEN?

Und: Gibt es Tipps für junge Leute,
wie man mit der Krise umgehen kann?

Stellen wir dies an den Anfang: Wer sich Sorgen macht, ist kein Schwächling. Sorgen sind selbstverständliche Begleiter des Lebens wie schlechte TV-Programme und grantige Wiener Oberkellner. Wer keine Sorgen kennt, ist entweder deppert oder tot. Dies gilt auch für Sanguiniker und berüchtigte Optimisten – wie ich anhand meines eigenen Beispieles darstellen möchte, weil es das einzig authentische ist, das ich kenne.

Ich bin ein sonniges Naturell mit scharfem Auge fürs Helle. Nur schleppt das Licht halt auch Schatten nach. Bei mir in Form einer merkwürdigen Angst. Wie alle Ängste ist sie relativ schwierig darzustellen. Sagen wir so: ein gelegentliches vages Unwohlsein, in verschärfter Form ein paranoider Selbstzweifel, was wichtige Entscheidungen betrifft, manchmal auch die Streber-Sorge, ob die Qualität meiner Arbeiten entspricht.

Das fing schon beim frühen Twen an. War es richtig, als HTL-Absolvent meinen Vorvertrag mit der Ford Motor Company in Dearborn, USA, zu zerreißen, wo ich Renn-Motoren konstruieren sollte? War es richtig, als Nationalökonomie-Student den Plan, Notenbankchef zu werden, aufzugeben? War es richtig, das Studium abzubrechen und in den Journalismus zu schlittern, nur weil Oscar Bronner und Jens Tschebull riefen, die gerade *trend* und *profil* gegründet hatten? Ihnen hatte die Arbeit des Hochschulzeitung-Chefredakteurs gefallen, der ich durch Zufall geworden war. Heute ist klar: Die Sorgen waren unangebracht. Ich landete am goldrichtigen Platz.

Mit 29 wurde ich im *trend* jüngster Chefredakteur, mit 31 jüngster Herausgeber eines namhaften Mediums. Das war äußerlich eine Hetz. Innerlich ging es mir schlecht. Selbstzweifel flüsterten: „Die Schuhe sind zu groß, hoffentlich merkt es keiner." Ich löste das Problem, indem ich an erstklassige Stellvertreter delegierte und auf Weltreisen nach Japan, Nationalchina, Rotchina, Korea und Kaliforniens *Silicon Valley* ging, oft im Gespann mit Alfred Worm. Ich kam gereift zurück. Auch dies war gut gegangen.
Damals fiel mir Merkwürdiges auf, das ich als Trost für derzeit Kummervolle (wienerisch: Kümmerer) einfüge. Unsere Natur scheint so eingerichtet, dass sie das Fehlende ergänzt. Ich teile Ernst Jüngers Philosophie, dass alles Streben zum Ganzen geht. Wenn du lang genug vor einer roten Leinwand von Jasper Johns stehst, siehst du plötzlich die Komplementärfarbe Grün. So ist es auch mit Glück und Unglück. Sofern du dich entspannt darauf einlässt, zieht das eine immer ein wenig das andere an. Wer darauf vorbereitet ist, hat im Leben schon halb gewonnen.
Genauso wichtig scheint mir, sich auf natürliche Macht-Erosionen einzustellen, die mit Generationswechseln auftreten. Ich habe mich beispielsweise, günstig beeinflußt von Philosophen-Freunden wie Konrad Paul Liessmann, viel mit Eitelkeit, Stolz und Arbeitsfreude auseinandergesetzt. So war ich gerüstet, als ich gleitend aus den Führungspositionen (Chefredakteur, operativer Herausgeber) in die Welt des reinen Kreativ-Arbeiters übertrat. Dieser Wechsel, der wegen des verbunden Machtverlusts viele Betroffene deprimiert, wurde mir zur Freude. Ich hatte ein Goethe-faustisches, österliches Gefühl: „Vom Eise befreit sind Strom und Bäche." Christian Rainer, der zunächst mein Nachfolger an der Spitze des *trend* wurde (heute: Andreas Lampl), wird eine außergewöhnlich herzliche Hofübergabe und fröhlich-loyale Zusammenarbeit bestätigen.

Ich weiß allerdings, dass jeder Fall ein wenig anders liegt. Ich hatte gewiss das Glück, mich niemals an Menschenführung und Organisation berauscht zu haben. Ich fühlte mich stets als hauptsächlich Kreativer (in selbstverliebten Momenten gar als Künstler), der die Management- & Businessaufgaben als Pflicht und Verantwortung, nie als *job enrichment* empfand.
So blieben mir Eitelkeitsschmerzen und Existenzsorgen erspart. Ganz im Gegenteil: Nun zu 100 Prozent frei für die Kür, expandierte ich in glückliche Schöpfungsleidenschaft. Mit praktisch unverzüglicher Belohnung. Selbst meine Bücher, die erstmals mit der gebotenen Liebe geschrieben wurden, reüssierten. Die Titel *Darf man per E-M@il kondolieren?* und *Der neue Mann von Welt* wurden Nr. 1-Bestseller und Longseller. Und wie auf Kommando nahm die Nachfrage nach meinen Standard-Vortrag „Die innere Natur der Sieger" derart zu, dass ich manche Anfragen wegen Termin-Überschneidung verwerfen musste.
Man wird diesen Glücksfall nicht 1:1 auf andere Schicksale übertragen können. Man kann aber die Grundmuster, die im Hintergrund erkennbar sind, nützen. Im Wesentlichen die Erkenntnis: Jede Veränderung hat auch ihre guten Seiten. Man muss sie nur sehen wollen und zum Vorteil verwenden. Verlierertypen starren ausschließlich auf die Nachteile. Sie geraten jammernd, anklagend und selbstmitleidig in eine gefährliche Abwärts-Spirale.
Als Ausklang noch zwei Tipps, die erfahrungsgemäß brauchbar und nützlich sind.

Tipp 1: Verschwenden Sie keine Kraft, Ihre natürlichen Schwächen zu beseitigen. Pfeifen Sie drauf. Nützen Sie jedes PS, um Ihre Stärken zu stärken. Gute Menschenführer unterstützen diese Idee. Die zahlreichen schlechten Bosse hingegen, die von mir so genannten *Macht-Komplexler*, stürzen sich auf die

Schwächen ihrer Mitarbeiter, um diese fertig zu machen. Ich interpretiere diese elende Haltung als Mangel an Kindheitswärme und/oder erotischen Erfolgen. Defizite dieser Art sind gewiss bedauerlich, aber noch lang kein Grund, diese Herrschaften weiterhin in höheren Positionen wirken zu lassen.

Tipp 2: Machen Sie eine jährliche Ölkontrolle. Überprüfen Sie den Stand Ihrer Job-Leidenschaft. Man macht nur das gut, was man gerne macht.

Darf man FORTBILDUNGSSEMINARE IN SÜDLICHEN URLAUBSLÄNDERN BESUCHEN?

„Was der Frühling nicht sät,
kann der Sommer nicht reifen,
der Herbst nicht ernten,
der Winter nicht genießen."
Johann Gottfried von Herder

Türkei, nahe dem Städtchen Kemer, ein Freizeit-Ressort, in dem sich vieles witzig verbindet. Es bietet Nischen von Luxus, beispielsweise eine Penthouse-Suite, deren Sonnenbad-Terrasse so groß ist, dass du wie Aristoteles im Gehen denken kannst. Und bietet drüben im Haupthaus den fröhlichen Wahnsinn von *all-inclusive*.

In den grünen Anlagen lockt ein beschaulicher *secret garden*, in dem ich Franz Schuhs feine Essays zum Thema *Güte* lese. Ich werde leise betreut wie Gustav von Aschenbach in Thomas Manns *Tod in Venedig*. Dies in wunderbarem Kontrast zur *Pool Area*, wo du in vier Tagen und Nächten ein perfektes Alltags-Russisch lernst. Einerseits mit Männern, die Wodka aus Wassergläsern trinken, anderseits mit Frauen, die jauchzend die Tanzbühne erobern und vorführen, was Anna Netrebko gemeint haben mag, als sie sagte: *After all I'm a Russian girl*.

Ein Wetterleuchten der Kontraste, fortgeführt in einer entlegenen Bucht, die du nach Umrundung einer Felszunge gewinnst.

Dort öffnet sich ein Atrium. Bei Tag dort allein, kannst du ungestört Georg Friedrich Händels Liebesballade *Oh When the Dove* im mobilen Weltklasse-MP3-Player buchtfüllend abspielen. Die Bergziegen, die lässig in senkrechten Felswänden stehen und feine Kräuter fressen, die auf dem freien Weltmarkt teurer als Safran sind, spitzen dann die Ohrwascheln und weinen mit der Taube, die sehnsüchtig die Wiederkehr ihres Geliebten herbeisingt.

Ganz anders die Nächte der Bucht. Da mag es vorkommen, dass ein riesiges Lagerfeuer fünfzig Unternehmer umflackert, die einen ganzheitlichen Weg aus der Krise suchen, bis in den frühen Morgen. Sie sind gut zahlende Gäste der Volksbanken-Sommerakademie, die ich hier lobe. „Bildung unter Palmen" ist die elitäre Spitzen-Version der kontinuierlichen Schulung „Fit for Business".

Sie kam unter Volksbanken-Boss Franz Pinkl auf die Welt, der künftig die komplexe Hypo-Alpe-Adria managen wird. Als *spiritus rector* ist Marketing-Direktor Kurt Kaiser zu nennen, im Paarlauf mit dem Management-Pädagogen Christian Brandstätter. Und gleich danach die handverlesenen Trainer zur Schärfung jener Spezial-Fähigkeiten, die für Einzelunternehmer und KMU wichtig sind: Effektives Marketing, Betriebswirtschaft & Steuern, Projektmanagement, Selbstmanagement, Strategieentwicklung, Personalmanagement, Team & Führung, Wirtschaftsmediation, Corporate Website, Vertrieb, Erfolgsfaktor Netzwerk.

Das Ganze ist übermütig vernetzt und verdichtet durch Moderator Bernhard „Alois" Baumgartner und seine Frau Lisa, die daraus Filme macht, die wie Palmen in Cannes sind.

Bei aller Verehrung der Volksbanken-Pioniertat wünschte ich mir als Patriot viele Eins-zu-eins-Kopien anderer Geldinstitute. Nicht, dass ich's fair fände. Sondern weil Pioniertaten in dieser Branche zunächst die eigenen Kunden sichern. Man gewinnt maximal 10 Prozent Fremdkunden dazu. Österreicher sind ihren Banken treu.

Kopieren ist eh nicht leicht. „Fit for Business" geht noch. Das gibt es auch anderswo, nur nicht so schön betitelt. Die Spezialform „Bildung unter Palmen" ist schon schwieriger nachzumachen. Da steckt der Teufel im Detail. Nördliche Effizienz in südliche Treibhäuser zu pflanzen, ist gärtnerisch ein Fegefeuer. Kaiser's Vor-Ort-Mitarbeiter Mirjam Ernst und Thomas Hahn brauchten drei Jahre, um in den Himmel zu kommen.

Zu diesem Vorsprung, der ihnen bleiben wird, gesellte sich ein feines Gespür für die Jahreszeiten. Man entdeckte die Mitte aus Frühling und Sommer. *Frümmer* und *Sommling* erwiesen sich als Ideal. Man ahnt die touristischen Gründe. Es gibt aber auch philosophische. Wir Menschen sind gut im Aufwärtsstreben zur Sonne und verschatten in der Entfernung zu ihr. Dem Frühling verdanken wir wesentlich helle Werke, dem Herbst die dunklen. Die Zwischen-Monate Jänner und Februar sind immer sinnlos gewesen. Die herbstliche Frankfurter Buchmesse lebt von Büchern, die an der Grenze von Frühling und Sommer vollendet wurden.

In meinem Langzeitversuch, ein türkisches Experiment der Volksbanken aktiv zu begleiten, war ich auf keine Überraschung gefasst. Eher auf *Ennui*, eine Rückbildung des Entzückens. Doch siehe, ich entdeckte im dritten Jahrgang von „Bildung unter Palmen" die Schispringer als philosophische Tieftaucher. Die Spitzensportler Goldberger und Neuper, nach menschlichem Ermessen Geistesgestörte (Frage: Haben Sie jemals eine Sprungschanze von oben gesehen?), erwiesen sich als erstklassige Aufziegler für die anwesenden Unternehmer. Andreas Goldberger motivierte u. a. mit der spartanischen Anweisung, man müsse einmal öfter aufstehen als umzufallen. Und Hubert Neuper zog aus den grotesken Tiefen und Höhen seiner Existenz elementare Lebensgesetze. Jede der Goldi-Anweisungen und jedes der Hubert-Gesetze wirkte klüger als alles, was ich jemals über menschliche Grenzen las. Ausgenommen die Testimonials anderer Sportler wie Thomas Bubendorfer und Lance Armstrong.

Alles ist hinterfragbar, aber als Fazit bleibt: Erstklassige Sportler, die auch gut sprechen können, sind bessere Zeugen als die Funktionäre, die wir per TV sehen. Sie sind unmittelbar glaubwürdig. Sie sind eine wunderbare Ergänzung ihrer Bücher. Sie machen aus flachen Seiten Würfeln.

Darf man
ALS LEHRER IN DEN HEFTEN DER SCHÜLER EIN BLUTBAD ANRICHTEN?

Gar nicht so leicht zu sagen. Sofern man ein braver, obrigkeitsgläubiger Lehrer ist: ja. Meist gilt ja die bindende Vorschrift, jeden Fehler dramatisch in roter Farbe anzustreichen, vielleicht noch ergänzt mit strengen Bemerkungen.
Tolle Lehrer, die darin mit Recht eine kontraproduktive Entmutigung und oft traumatische Verletzung der Kinder sehen, werden aber den Kadavergehorsam verweigern und eine schöne Idee des Wirtschaftsmagazins *trend* aufgreifen: alles, was richtig ist, in fröhlichem Grün oder Türkis anzustreichen.
Der Vorteil liegt auf der Hand: Die Korrektur des Lehrers wird vom grausamen Blutbad zu einer aufmunternden Lobes-Orgie. Altmodische Lehrer – oder Komplexler, die schwache Schüler brauchen, um ihre armselige Macht auszuüben – werden krass dagegen sein. Ihr Killerargument wird lauten, auf diese Weise könne man keine Fehler beseitigen. Sie haben Unrecht. Psychologisch ist längst erwiesen, dass positive Motivation eine Sehnsucht aufbaut, alles richtig zu machen. Ein Schüler, der viel Grün sieht, wird bald alles grün sehen wollen. Er wird von sich aus oder mit Hilfe des Lehrers erkunden, was er falsch machte.
Es ist kein Zufall, dass positive Ideen wie diese aus der Welt der Wirtschaft kommen. Managementschulen sind ausnahmslos auf positive Anregung ausgelegt. Für Erwachsene (die freilich vorher richtig lesen und schreiben und rechnen lernen mussten) hat man sogar einen Ratschlag gefunden, der in früheren, streng-konservativen Zeiten undenkbar gewesen wäre: „Stärke Deine Stärken, pfeif auf Deine Schwächen.“ Es bringt dem Betroffenen und seiner Firma hundertmal mehr, das gut und

gern Gemachte lustvoll weiter zu verbessern als das Ungeliebte mit Unlust und irrem Energieaufwand aufzuholen.
Bei Kindern wird künftig immer wichtiger werden, das Spielerische & Kreative und den Wettbewerbsgeist zu entwickeln. Industrie, Handel und Dienstleistung brauchen immer weniger brav-präzise Verwaltungsgeister. Diese werden gleitend durch Computer ersetzt. Das gilt sogar für die öffentliche Verwaltung, wo der e-Akt (der *Elektronische Akt*), eine Erfindung der Linzer Softwareschmiede *Fabasoft*, wahre Wunder wirkt. Umgekehrt braucht ein modernes Land immer mehr selbstständig denkende, einfallsreiche Glühbirnen. Experten wie der internationale Künstler und Pädagoge Joseph Beuys sollten schon bald nicht mehr sagen dürfen: „Wir kommen alle als Künstler zur Welt und werden als Künstler in der Schule getötet."

Darf man ALS VORTRAGENDER SEINE ZUHÖRER SCHOCKEN?

Antwort: Ja. Man ist fast verpflichtet. Wenn es der erste Vortrag des Tages ist, muss man wachrütteln. Wenn es der erste Vortrag nach dem Lunch ist, muss man Tote zum Leben erwecken.
Wenn es nur um Tricks geht, um die Zuhörer munter zu kriegen, darf ich auf eigene Erfolge verweisen. Wenn ich Schlafende vor mir sah, sagte ich: „Wenn Sie Ihren Namen nicht ändern, werden Sie nie wieder Erfolg haben." Wenn auch das nichts nützte, sagte ich: „Ich höre, Ihre Liebste sei untreu, rufen Sie zuhause an."
Eines von beiden brachte den gewünschten Erfolg. Irgendwie scheint jeder an seinem Namen und seiner Gefährtin zu hängen.
Auf seriöse Weise habe ich das Wachrütteln eigentlich nur im Falle der drei Geistesgrößen Rupert Riedl (Verhaltensforscher), Erwin Ringel (Psychiater) und Paul Watzlawick (Kommunikations-Papst) erlebt. Sie hatten zweierlei gemeinsam. Alle starben unverzüglich, nachdem ich ihnen als Moderator diente. Und sie zeigten in ihren Vorträgen eine unbändige Lust, das Publikum mit dem ersten Satz in die Stille des Schweigens zu stürzen.
Der Kommunikations-Avantgardist Prof. Watzlawick wählte wie die beiden anderen Wissenschafter einen apodiktisch klaren, allerdings milden Einstiegs-Satz: „Wir machen vieles falsch und könnten alles richtig machen." Er hatte im kalifornischen Palo Alto gelernt, seine Botschaften mit Zuversicht zu würzen. Prof. Ringel und Prof. Riedl, die in Österreich geblieben waren, setzten auf schärfere Beigaben.
Ringel eröffnete den Vortrag im Prunksaal des Casinos Baden

mit seiner schneidend hohen Singstimme wie folgt: „Das Interessante, meine sehr verehrten Damen und Herren, ist nicht, warum sich so viele Menschen umbringen, sondern warum so viele *nicht*." Das war schon gut, wurde aber von Riedl im „Neuen Rathaus" von Linz überboten: „Liebe Festgäste, unser Unglück fing an, als wir aufhörten, die Dummen zu schlachten."

Die Wirkung dieses Satzes bleibt unvergessen. In ganz Linz wuchs eine Stille wie zuletzt vor dem Urknall. Bürgermeister Franz Dobusch verhoffte in seinem Büro jenseits der Donau wie ein Jagdhund, der Unheil witterte. Und die 400 HörerInnen im Vortragssaal waren nicht zu sehen. So wie ich banden sie ihre Schnürsenkel neu. Keiner wollte von Rupert Riedl gesehen und selektiert werden.

Wir lernen daraus, dass jeder Einstiegs-Schock der Zuhörer sinnvoll ist. Die klugen Leserinnen und schönen Leser dieses Buchs sind grundsätzlich Kreative. Sie werden nicht kopieren. Sie werden ihren eigenen Weg finden, die ZuhörerInnen zu fesseln. Viel Erfolg!

7.

Technologie

Darf man SICH VON SEINEM COMPUTER-HERSTELLER NOCH ETWAS WÜNSCHEN?

„Ein Schlüsselwort heißt Konsequenz.
Die letzten Meter sind immer die schwierigsten."
Fredmund Malik, Bergfex und Management-Vordenker

Seit dem ersten Massen-PC (1981, IBM) protokolliere ich die Verletzungen, die uns Computer, Videorecorder, TV-Home-Cinema-Systeme, Digitalkameras und Handys zufügen. Ich sammle die miesen Tricks dieser Geräte. Ich beschreibe, mit welcher Heimtücke sie besonnene Phlegmatiker zu kreischenden Nervenbündeln machen.
Beim PC, dem *Personal Computer*, glaubte ich diese Zeit vorbei. Er war einst ein Serien-Killer, konvertierte aber im Wege unablässiger Läuterung zu einem beflissenen Mönch, der nur Gutes tut. Er wurde bedienungsfreundlich, zuverlässig, stabil. Gemessen daran, dass er 1981 nur eine schlauere Schreibmaschine war und heute ein multimediales Werkzeug ist, darf von einer Reifung in Würde gesprochen werden. Und doch ist der PC, zur schmerzlichen Verblüffung seiner Liebhaber, immer noch für Überraschungen gut. Damit sind nicht Viren und Festplattenfehler gemeint, die beinah ihre Schrecken verloren haben. Das Restübel liegt darin, dass die prometheischen Erzeuger und Programmierer des PCs noch immer nicht begriffen haben, wie fehlerhaft ihre Kunden sind, die so genannten „PC-Users".
Ich erzähle einschlägig, was mir einmal passierte und den LeserInnen erspart bleiben möge. Eine detaillierte Darstellung

soll die Dramatik kenntlich machen. Also Folgendes: Ich lebe grad als braver Inlandstourist in einer exquisiten Alm-Hütte namens Hochschober, an der Grenze von Steiermark und Kärnten. Ich bin durch 1.800-Meter-Luft mit roten Blutkörperchen gedopt und olfaktorisch aufgeziegelt durch die größten Zirbenwälder Mitteleuropas, also körperlich gut drauf, für meine Verhältnisse. Meine Mitgäste zeigen neben Wohlgefühl auch noch Intelligenz durch bewussten Müßiggang, darunter das Unternehmer-Ehepaar Franz und Doris Felber („Der Felber bäckt selber"), die prominente ORF-Kollegin Dr. Danielle Spera und Dr. Franz Krainer, der erfolgreiche Anwalts-Spross der steirischen Königs-Dynastie. Ich bin das schwarze Schaf. Ich arbeite. Ich schreibe mit Verspätung ein angekündigtes Buch. Ich bemühe mich um äußere Gelassenheit. Im Inneren bin ich panisch. Um Mitternacht öffne ich das Notebook, zur Linken die sündigen Helfer wie Kaffee, Zigaretten und Vöslauer, zur Rechten die *optical wireless mouse*, die ich zum Schnellschreiben auch mit mobilen PCs verwende.

Unverzüglicher Horror: Der Cursor reagiert zwar auf die Maus, aber um 180 Grad versetzt. Er schnalzt nach oben statt nach unten, nach links statt nach rechts. Ich überlege kurz, ob ich so arbeiten kann. Ich entscheide auf *Nein*. Meine Ganglien und Synapsen sind dafür nicht smart genug. Wahrscheinlich einer dieser seltenen Kurzschlüsse im Computer-System, denke ich. Müsste eigentlich zu reparieren sein. So gehe ich, obwohl ich längst schreiben sollte, mit befohlener Ruhe in die Tiefen der Systemsteuerung. Dort suche ich die Kartei „Maus und Tastatur". Ich finde alle Parameter korrekt und begreife: wenn ich jetzt die Einstellungen verändere, geht vielleicht die Maus wieder, aber sonst nichts mehr.

Ich suche die Frischluft des Balkons, erbitte die Hilfe des Nordsterns und hyperventiliere. Nix. Keine Lösung in Sicht. Ich gehe zum Computer zurück. Vielleicht nützt ein Tschick. Hat schon oft geholfen. So auch diesmal. Im Flammenschein des Dupont-Feuerzeugs sehe ich die symmetrisch-stromlinienförmige Maus verkehrt herum liegen. Ich drehe sie um 180 Grad. So reparierte ich meinen Computer.

Ich höre schon die Pharisäer fragen: „ Was können die Leute von Apple, HP, Acer, Toshiba, Microsoft & Co für deine Blödheit?" Antwort: nichts und alles. Der perfekte PC hätte sofort geholfen. Er hätte eine „Dialogbox" auf den Bildschirm gezaubert und mir höflich zugerufen: „Hochverehrter, schöner User! Ich stelle eine kleine Frage: Könnte es sein, dass Ihre Maus, die ich als Apple's *Mighty Mouse* identifizierte, verkehrt herum liegt? In diesem Fall würde ich empfehlen, sie umzudrehen."

Um der nächsten Frage zuvorzukommen: Nein, das ist weder zu lang noch zu schleimerisch-höflich noch umgekehrt für Intelligente zu unhöflich, weil für Depperte formuliert. Genau so muss man mit uns PC-Nutzern reden. Wir sind während der Arbeit Grenzfälle. Wir sind Amphibien der Meere der Klugheit und der Strände der Umnachtung.

Der zukünftig ideale, heilig zu sprechende PC (DeskTop, Notebook, Subnotebook, Netbook), müsste darauf Rücksicht nehmen. Abgesehen davon, dass man ihn endlich wie das Licht ein- und ausschalten können sollte (im kreativen Prozess sind die Wartezeiten des *bootings* unerträglich), müsste er öfter und herzlicher mit uns sprechen. Man konnte dies auch in der TV-Krimi-Reihe „Soko 1513" studieren. Dort griff ein Hilfssheriff sofort zum Kreuzschraubenzieher, als der Bildschirm dunkel wurde. Er wollte den Finsterling zerlegen. Eine Hilfssheriffin zeigt ihm rechtzeitig das Netzkabel, das nicht in der Dose steckte.

Zu guter Letzt würden mir noch zwei Dialogboxen gefallen, die der PC aber erst liefern wird, wenn seine Produzenten selbstsicherer geworden sind. Die eine hieße: „Schalte mich ab. Du arbeitest oder spielst jetzt schon 5 Stunden mit mir. Mehr wäre ungesund. Geh an die frische Luft oder ins Wirtshaus.“ Die andere hieße: „Wann hast Du zuletzt mit Bleistift und Feder und Papier gearbeitet? Für große kreative Prozesse sind diese unsterblichen Technologien bis heute unverzichtbar.“

Diese Lockerheit braucht noch Zeit. Auch die Heiligsprechungen der Mutter Kirche gingen nicht von heute auf morgen, nicht einmal die gekauften.

Darf man
ALS APPLE-EVANGELIST GEGEN DEN WINDOWS-PC PREDIGEN?

Antwort: selbstverständlich. In der Liebe, im Krieg und in der Technik ist alles erlaubt.
Windows-PC-User dürfen Apple-Macintosh-User verlachen, weil sie mit 95 Prozent Markt-Dominanz in der Mehrheit sind. Apple-User dürfen die Windows-Freunde auch verlachen, weil Apple als Firma besser da steht als die meisten PC-Produzenten. Da der „Mac" im Geburtsjahr dieses Buches (2009) ein wichtiges Jubiläum feiert, beantworte ich die Frage wie ein Geburtstagsgeschenk, also eher aus der Warte des Kleineren.
Der Mac kam vor 25 Jahren auf die Welt. 1984 war das *Orwell-Jahr*, so genannt nach dem Roman *1984* von George Orwell, in dem eine Zentralmacht („Der große Bruder") die Menschen knechtet. Den Apple-Leuten kam dies recht. Ihre Werbekampagne für den Macintosh griff die IBM, die drei Jahre zuvor den ersten Massen-PC auf den Markt gebracht hatte, als *großen Bruder* frontal an. Die Firma aus Cupertino mit dem Logo des angebissenen Apfels positionierte sich als Darling der Aufsässigen, Außenseiter und Kreativen: „For the rest of us." Man nützte in der Startphase zwei Vorteile.

Erstens: Die Gründungsgeschichte von Apple (1. April 1976) ließ sich amerikanisch-romantisch erzählen. Man fing in einer Garage an. Startkapital: Gründer Steve Wozniak verkaufte seinen Texas-Instruments-Rechner, Gründer Steve Jobs seinen VW-Bus. Auch der VW-Käfer galt in jener Zeit als Kampfsymbol gegen die Straßenkreuzer der Bourgeoisie.

Zweitens: Während die so genannten „Wintel-PC" (Kunstwort aus Microsoft-Windows-Software und Intel-Prozessoren) noch bis 1990 (Start von Windows 3.0) mit knöchernen Kommandozeilen operierten, war der Mac der erste intuitiv bedienbare Rechner. Er bot vieles, was heute unverzichtbar ist: ein GUI (*graphical user interface*), Menüs, Rollbalken und die Maus, die dank Apple als Haustier wiederkehrte.

Der erste Mac war ein Würfel. Es gab eigene Rucksäcke für ihn. Alfred Worm und ich liebten ihn. Wir reisten mit Rucksack nach Kalifornien und New York und Massachussetts, zu allen wichtigen Computer-Herstellern; er für *profil*, ich für *trend*. Am liebsten besuchten wir Cupertino, die Apple-Quelle. Dort halfen uns Top-Tuner und freie Programmierer. Sie frisierten unseren Mac-Würfel, der ursprünglich nur 512 Kilobyte Arbeitsspeicher hatte (mein zierliches Mac-Alu-Book mit 13-Zoll-Screen hat heute mit 4 GB die achttausendfache Kapazität), zu einer Renn-Corvette, mit der wir zu Hause angaben wie die Affen. Eher sinnlos eigentlich, weil die zwei Softwares, das Schreibprogramm MacWrite und das Bitmap-Zeichenprogramm MacPaint (später auch das vektorielle MacDraw) so bedürfnislos waren wie mexikanische Kakteen.
Das war auch gut so. Unsere Printer hätten keine feineren Daten vertragen. Wir druckten mit Nadeldruckern auf Spezialpapier. Die waren so laut wie die Honda CB 750 Four, die 15 Jahre zuvor den Sieg der japanischen Vierzylinder-Bikes einläutete. Damals schrieb der Freund, Schauspieler und Autor Herwig Seeböck, der gerade in den Salzburger Festspielen weltberühmt wurde: „Ich drücke den Startknopf und sieben alte Weiber springen in die Donau.“ So war es auch bei uns und den Printern. Die Textdrucke wirkten grau, aber gut. Die Grafiken waren grob. Sie glichen den Schnittmustern der Frauenzeitschrift *Burda-Moden*. Gleichwohl reichten wir die Prints herum wie Rembrandt-Radierungen. Alle sagten „Oh“ und „Ah“.

Der letzte Apple-CEO, den wir in Cupertino besuchten, war John Scully. Alfred Worm, der Klügere von uns beiden, verabscheute ihn, weil er Steve Jobs aus dem Amt drängte. Ich mochte Scully, weil er den zierlichen Handheld-Computer „Newton" favorisierte, der dann als Frühgeburt starb. Nach fast tödlichen Krisen (Mitte der 1990er-Jahre), Rettung und Renaissance durch den wiedergekehrten Gründer Steve Jobs. Seine Geheimwaffen: erstens Klärung des Betriebssystems; zweitens eine transparente Produktstruktur (je ein Desktop und Notebook für HOME und PROFESSIONAL); drittens dramatische Geschäftsausweitung durch iTunes, iPod und iPhone; viertens Entdeckung des Design-Genies Jonathan Ive. Apples eleganter Auftritt bis ins Detail jeder Verpackung ist unübertroffen.

Das Mac-Image übersteigt freilich bis heute die Markanteile, die je nach Land zwischen 3 und 10 Prozent liegen. Da aber nur Apple Apple-Computer erzeugt, während die Microsoft-basierten PCs jedem Lizenznehmer offen stehen, reicht dies für ein gesundes Geschäft. Apple ist derzeit die Nummer 7 unter den teuersten Marken der Welt. Auch nach 25 Jahren Mac bleibt es spannend, den Werdegang von Apple mit *sympathy for the underdog* zu verfolgen.

Gleichwohl würde ich bitten, dieses lange Kapitel, das atmosphärisch die Steinzeit des Digitalzeitalters ab 1981 für die jüngeren LeserInnen nachzeichnet, als Liebeslied für alle Computer-Pioniere zu lesen. In Summe waren die Damen und Herren jenseits von Apple sogar wichtiger, und eigentlich waren es ausschließlich Herren, weil nur HP mit Carly Fiorina vorübergehend die gläserne Decke öffnete.

Dank Microsoft und Intel lernte ich noch den späten Mr. William Hewlett kennen, Gründer von Hewlett & Packard, zur Zeit von HP-CEO John Young. Ich besuchte IBM in Amerika, als IBM-Österreich gerade den kommunistischen Ostmarkt

eroberte. Im Hauptquartier in Armonk sah ich den *indian summer*, den landschaftlich schönsten Herbst der Erde, und sprach mit Benoît Mandelbrot, den nobelpreiswürdigen Erfinder der Fraktalen Geometrie. Als *Compaq* als erste Firma zur Welt kam, die als Riese gegründet wurde und schnell an die Spitze der Windows-PC-Welt stürmte, wurde Gründer Rod Canion fast ein Freund. Ich war oft in Houston. Im Sport-Café der dortigen *Galleria*, die für Blues-Town Houston der Galleria Vittorio Emanuele II in Mailand entspricht, lernte ich, schnelle Texte auf winzigen PSION-Organizer-Tastaturen zu schreiben. Die CEOs nach Canion zerbröselten die grandiose Firmen-Idee. Compaq wurde von HP aufgefangen.
Schön für meine sentimentale Seele, heute wieder mit einem *Compaq*-Windows-Netbook by HP arbeiten zu können. Ich entdeckte es im Lieferprogramm meines Hi-Tech-Beraters Robert Hartlauer. Ich verwende es als zierlichen Stellvertreter meines Apple-Notebooks, wenn ich mit Motorrad, Fahrrad oder zu Fuß unterwegs bin. Mit wachsender Begeisterung und Vertrautheit. Die PSION-Vergangenheit trägt Zinsen. Gegen den damaligen Organizer ist das *keyboard* des Compaq-Netbooks ein Salzsee. Ich bin wahrscheinlich der einzige Dickfinger, der es mit blindem Zehnfingersatz bespielt.

Fazit: Ich kann mit gutem Gewissen sagen, die Frage dieses Kapitels ende in einem fairen Unentschieden. Apple und *the rest of the rest of us* sind mir gleichwertig.

Darf man SICH DEM SPARLAMPENZWANG ENTZIEHEN?

Antwort: Ja. Die EU möchte die alten Glühlampen flächendeckend durch die modernen Energiesparlampen ersetzen. Man darf auch als EU-Freund dagegen sein. Ich bin einer, was ich beweisen kann. So wie die heutige Siemens-Austria-Generaldirektorin Dr. Brigitte Ederer trug ich als Vortragskämpfer dazu bei, dass Österreich einst mit der höchsten EU-Zustimmungsrate glänzte: 66 Prozent. Ich bin weiterhin begeistert, dass der einst wild zerstrittene Kontinent nun befriedet ist; dass Europa jetzt neben USA und Japan ein gleichwertiger Wirtschaftsblock ist; und dass der legendäre US-Notenbank-Chef Alan Greenspan in seiner Autobiografie *Mein Leben für die Wirtschaft* sympathisch zugeben musste, den Euro sträflich unterschätzt zu haben.

Das Zentrale ist also paletti. Umso ärgerlicher der dumme Aktivismus der Brüsseler EU-Bürokraten in der Peripherie. Man verletzt versprochene Regional-Autonomien (Beispiel Lebensmittel-Spezialitäten) und Persönlichkeits-Autonomien wie Gesundheit & Lebensführung, um fette Arbeitsplätze in Brüssel zu sichern. Willkommene Munition für die Blöd-Parteien und Rechtsaußen in den EU-Ländern. Die LAMPE ist nur insofern ein feines Beispiel, als dort nichts stimmt. Weder die Gesamt-Energie-Bilanz (inklusive Produktion) noch die Sauberkeit der Gesetzes-Werdung (Lobbys ohne Ende) noch die Rücksicht auf die psychisch-physiologische Befindlichkeit von Kunstlichtarbeitern wie unsereins.

Aufsässigkeit ist angebracht und anständig. Die momentane Sparlampe ist gesamt-energetisch kein Geniestreich. Sie ist auch kein angenehmes Abbild der Sonne wie die Glühlampe.

Sie ist das Abbild kalter Vorhöllen. Sie darf moralisch notfalls auch wider Gesetze bekämpft werden. In der Frage, was man darf, sind zuweilen höhere Maßstäbe gefragt. Konsequente Ethik kennt auch den Begriff *Widerstand*.

Darf man IM ELEKTRONISCHEN ZEITALTER NOCH PAPIER VERWENDEN?

Papierosophie eines Papierophilen

„Bei der nächsten Sintflut wird Gott nicht Wasser, sondern Papier verwenden."
Romain Gary

I

Um mitten hinein zu springen: Wir erkennen am Untertitel dieses Essays den größten Nachteil des Papiers – es ist unendlich geduldig. Als vermeintlich seelenlose Materie lässt es alles mit sich geschehen. Es lässt grenzwertige Wortschöpfungen (Papierosophie, Papierophilie) zu. Es stellt sich in den Dienst schlechter wie guter Texte. Man hat aus Packpapieren Neonazi-Plakate gemacht, auf Offizialpapiere Todesurteile geschrieben. Neureiche Lübecker haben Heringe in handgeschöpftes Bütten gewickelt und Zeitungen wie *Sun*, *Bild* und *Blick* verfinstern täglich unseren Stern.
Das Medium Papier eignet sich also nicht zur Vergötterung. Wirklich nicht? Um es gleich zu gestehen: Ich bin längst in diese Falle gegangen. Ohne ein Wunderkind gewesen zu sein, erinnere ich mich doch daran, schon als Säugling jedes beschreibbare Blatt als Verheißung empfunden zu haben. Ich krabbelte nicht Hunden nach, sondern Papierln. Man musste mir keinen Mohnschnuller in den Mund schieben, um mich ruhig zu stellen. Ein Blatt Papier und ein Buntstift genügten. Man hörte dann stundenlang ein ergriffen schnaufendes Kind. Die besorgte Mama musste mich, so wird gesagt, zum Stillen

an ihre prächtigen Brüste zwingen. Das ist später, in der Adoleszenz, besser geworden.
Seit der Kleinkindzeit lade ich Papier mit einem Mythos auf. Das ist entschieden infantil, wie ich zugebe, muss freilich egal sein, solang es wahrhaftig ist. Es ist auch mein gutes Recht, in einem *Essay* die merkwürdigste Subjektivität einzubringen. Sie wird hoffentlich durch den Vorzug der Authentizität ausgependelt. Diese verlangt, von einer extrem frühen Wahlverwandtschaft zu sprechen. Unklar ist lediglich, ob ich das Papier suchte oder das Papier mich suchte; wie Dr. Faust scheitere ich in der Kunst der Magie.

II.

Die Wahlverwandtschaft zum Papier führte zunächst zu reinem Glück und stolzen Eltern. Das Kindermädchen Sofie, ein pädagogisches Ur-Talent, in dessen Hügelland ich behaglich saß wie in einem Ohrensessel von Macintosh, lehrte mich mit 5 Jahren lesen und schreiben.
Die Liebe zum Papier und dessen kreative Verheißungen machte die Volksschule zu einer Triumph-Arie. Umso schrecklicher die Niederlagen in der HTL, wo ich zwischen Holztechnik und Maschinenbau schwankte. Erstens wählte ich das falsche Fach. Dem Eisen fehlte der Duft und die Natur des Holzes. Zweitens zwang mich die sehnsüchtige Bindung an Papier & Schreiben in freiwillige Nebenkurse für Stenografie und Maschinschreiben. Die Mitschüler riefen mich „Helmine“.
Es dauerte dann fünf Jahre, ehe mich die Welt des Papiers endgültig umschlang, raumgreifend, zeitgreifend, vollendet und wohl für immer. Zwei Berufsziele waren in dieser Zeit versunken. Die Ford Motor Company in Dearborn wollte den HTL-Ingenieur als Rennmotoren-Konstrukteur. Dieser aber studierte Nationalökonomie, um ein Alan Greenspan zu werden. Man darf

sagen: Ich scheiterte in den Journalismus, weil ich durch glücklichen Zufall innert drei Wochen zum Chefredakteur & Herausgeber der Universitäts-Zeitschrift wurde, bald danach zum jüngsten Chefredakteur einer namhaften Publikation (*trend*). Seither fließt nur noch Zellstoff in meinem Blut: aktiv in Form von Manuskriptpapier, passiv in Form der Weltliteratur und ausgewählter, meist ausländischer Presseprodukte: *South China Morning Post*, *Economist*, *New Yorker* und *art*.

III

Seither sehe ich endgültig Papier als größte Menschenerfindung, Gutenbergs Druck-Revolution durch beweglich setzbare Lettern gleich danach. Ich begreife heute auch die negativen Beispiele (siehe erster Abschnitt) als gewichtslos. Alle Todesurteile, die je geschrieben wurden, werden aufgewogen durch die Herzensbildung der Werke von Antoine de Saint-Exupéry und Khalil Gibran. Alle Scheidungspapiere sind nichtig gegen die Liebesbriefe. Und die Gedichte von Rilke und Wystan Hugh Auden überwachsen alle Kriegserklärungen. Dieser Essay wäre indes unvollständig, stellte man das Papier nicht wägend neben die High-Tech, deren Schreibhintergrund der Bildschirm ist. Ich erlaube mir da ein Urteil, da ich auch High-Tech-Freak bin. Mir hilft ein *Dualismus*, den ich in vielen Asien-Reisen aufgriff. Als Beispiel nenne ich in sympathischer Eigenwerbung mein erstes Büchlein im Pichler Verlag: *Darf man per E-M@il kondolieren?* Antwort: ja, um schnell sein Mitgefühl kundzutun. Vorausgesetzt, man schickt ein mit Füllfeder auf Bütten geschriebenes und mit Petschaft und Siegel versehenes Kondolenzschreiben nach. Fazit: Papier und Bildschirm sind einander ergänzend zu nützen.

Im Zweifelsfall freilich mit deutlichem Vorrang des Papiers. Warum das so ist, erkannte ich erst, als ich einen Vortrag für den Zeitungsherausgeberverband entwarf. Da begriff ich die höhere Glaubwürdigkeit des Materiellen vor dem Virtuellen. Es passiert etwas Haptisches, wenn du Papier in die Hand nimmst. Die Qualität der Botschaft geht im Wege der Osmose durch die Haut ins Herz und ins Hirn. Zeuge: Bill Gates. Der Microsoft-Boss präsentierte sein erstes Buch *A Road Ahead* mit CD-ROM, sein zweites Buch *Digital Business* nur noch auf Papier.

Abgesehen davon kam ich gestern dahinter, dass ich meine tausend ersten Digitalfotos verloren habe. Die Speicher-CDs sind schon nach zehn Jahren verblasst und tot. Meine alten Manuskripte, einst mit IBM-Kugelkopf auf säurefreies Papier geklopft, leben noch 1.000 Jahre.

Ob ich, auf Anregung von Johannes Sachslehner und Marion Mauthe, den nächsten Darf-man-Band mit Füllfeder auf Bütten schreibe und als Handschrift drucken lasse, weiß ich noch nicht. Sagen wir: Ja. Papier ist geduldig.

Darf man
SICH SELBER GOOGELN?

Antwort 1: Ja. Wen denn sonst? Es gibt ja nix Wichtigeres. Der hochverehrte Prof. Konrad Lorenz sagte mir einst mit der Weisheit des Nobelpreisträgers: „Egoismus ist was Feines, ohne ihn gäbe es keine Evolution."

Die Sache erinnert an ein Erlebnis im ORF-Funkhaus. Vor Jahren, als Internet noch den USA-Elite-Unis und den Militärs des Pentagon vorbehalten war, fragte mich Nora Frey in ihrer Ö3-Radiosendung: „Wenn die Magazine *trend* und *profil* und *autorevue* auf den Markt kommen: Wann liest du dann deine eigenen Kolumnen, Essays und Geschichten. Als erste oder letzte oder gar nicht?"

Antwort: „Sofort. Vor allen anderen Texten. Die Freude, dass irgendjemand irgendwas von mir abdruckt, blieb unverbraucht. Seit ich mit roten Ohren meine erste Story in der Hochschulzeitschrift *Hermes* las, hat sich nichts geändert."

Manchmal schäme ich mich dafür. Dann sage ich als Ausrede: „Ich muss meine Sachen schnell lesen. Könnte ja sein, dass irgendwas Schreckliches passiert ist, ein Schreibfehler in der Überschrift oder ein so genannter Verheber (vertauschte Absätze) oder falsche Bilder. Dann sollte ich der Erste sein, der es weiß." Das ist natürlich Humbug. In meinen Stamm-Medien, die aufwändig redigiert werden, passiert so was nie.

Auch heute, da das Internet zu einer Macht wurde, schlägt die Eitelkeit zu. Ich öffne *Safari* in meinem Apple-Alu-MacBook oder Windows-*Explorer* in meinem Sony-Netbook – und schon google ich *Helmut A. Gansterer*. Alles andere wäre eine Lüge. Nur lesen kann ich die Sachen nimmer. Heute Morgen waren es 18.305 Eintragungen.

Vielleicht ist es also doch gescheiter, man sucht im Internet nicht sich selbst, sondern was anderes.
Beispielsweise die Website seines Lieblingsautors. Unter www.gansterer.at findet man viel Feines. Beispielsweise, zu welch frechem Aufpreis frühere, praktisch vergriffene Bücher gehandelt werden.

8.

Liebesleben

Darf man IM LIEBESLEBEN RÜCKSICHT AUF DEN BERUF, IM SPEZIELLEN FALLE DES JOURNALISTEN UND SCHRIFTSTELLERS, VERLANGEN?

Selbstverständlich. Journalisten und Schriftsteller, vor allem in der Form des männlichen Journalisten und Schriftstellers, sind Lichtgestalten, vulkanische Gestirne bei gleichzeitig sensibelster Raffinesse. Zur perfekten Ausbeutung des herrlichen Autorenkörpers sind den ausbeutenden Damen allerdings einige Regeln ans Herz zu legen. Jungfrauen fehlt oft die elementarste Lebensweisheit, um sich auf der erotischen Milchstraße der *male journalist pigs* tritt- und griffsicher zu bewegen. Der wesentliche Tipp lautet: Timing ist wichtig. Jeder ambitionierte Schreiber kennt zwei Phasen. Er ist anerkannt hinreißend zwischen den Deadlines, und ist erotisch praktisch tot rund um die Deadlines herum. *Deadlines* (für artfremde Leser: Manuskript-Abgabetermine) sind wie das Champions-League-Finale im Fußball, wo den Sportlern lange vor dem Ankick jedweder Sex untersagt ist. Ihrer goldenen Substanz beraubt, würden sie nach dem ersten Flankenlauf tot umfallen.

Partnerinnen, die darauf nicht Rücksicht nehmen, gehen große Risiken ein. Sie vergewaltigen ihren Beglücker – *trend* und *profil* sind viele Fälle häuslicher Gewalt bekannt, man verlor etliche Kollegen durch Entkräftung – und klagen anschließend, der Beste sei bewegungsarm und auf beleidigende Weise mit seinen Gedanken wo anders gewesen. Manche kirre Dame hat auch nie begriffen, warum er sie im schönsten Moment „Elfriede“ nannte, obwohl sie Heidi heißt, nur weil er grad über die Jelinek schrieb.

Frauenrechtlerinnen werden in ihrer üblichen Themenverfehlung bekritteln, dass hier typischerweise nur die Sicht des Mannes dargestellt wird, wenn auch des prächtigen journalistischen Mannes. Halten zu Gnaden: Ich war immer nur Mann und Liebhaber, niemals Frau und Liebesdienerin.

Einen Journalisten darf man ausnahmslos alles fragen, auch Intimes. Da eben dieses im Falle des Autors geschehen ist, hier und nachfolgend die Antworten des Autors. Die Fragen im Auftrag der Branchenzeitung „Extradienst" stellte Ute Fuith.

Darf man VON EINEM MENSCHEN, DER BERUFLICH VIEL KOMMUNIZIERT, DAS DANN AUTOMATISCH AUCH IN BEZIEHUNGEN ERWARTEN?

Normalerweise ja. Fähigkeiten sind unteilbar. Theoretisch. Praktisch mag es vorkommen, dass das traute Heim als Urlaubsparadies betrachtet wird, wo man gerade die beruflichen Fähigkeiten gern an der Garderobe abgibt.

Darf man BEHAUPTEN, DASS JOURNALISTEN FÜR DAS ANDERE GESCHLECHT BESONDERS ATTRAKTIV SIND?

Zunächst grundsätzlich: Journalisten schneiden bei Beliebtheitsumfragen schlecht ab. Mit den Politikern, Scharfrichtern und Scheidungsanwälten teilen sie die letzten Ränge. Dies ist aber nur eine heimliche, anonyme Rache dafür, dass man uns im Alltag fürchtet und schmeichelt. Speziell für Frauen ist das Wort „Journalist“ ein unwiderstehlicher Lockduft. Die Beweggründe liegen im Dunkeln. Einige Vermutungen: man überschätzt seine Macht; man glaubt, mit seiner Hilfe im wichtigen Ranking „Schönste Tussi des Landes“ weiter nach vorn zu kommen; man glaubt, er sei ein heiterer Geselle und kurzweiliger Unterhalter; man hofft auf die schönsten Liebesbriefe der Welt. Letzteres ist besonderer Unsinn. Kein namhafter Journalist schreibt ohne Honorar. Nur Ladys, die erotisch den indischen Tempeldienerinnen nacheifern, dürfen einmal pro Semester mit einem Sonett rechnen, handgeschrieben auf handgeschöpftem Papier, in Büttenkuvert mit Siegellack.

Darf man GLÜCK IM LIEBESLEBEN DEFINIEREN?

Antwort: Ja. Die Definition: Vollendete Schein-Unterwerfung einer weisen Frau unter einen herzensguten Macho, der töricht genug ist, an seine Vorherrschaft zu glauben. So was hält ein Leben lang, sofern die Körper-Chemie und die geistigen Heiterkeiten perfekt kompatibel sind. Die Königsdisziplin heißt wechselseitige, unendliche Bewunderung.

9.

Kultur

Darf man WÄHREND EINER OPERNAUFFÜHRUNG EINNICKEN?

Antwort: Ja. Verdient aber, wie jede Angelegenheit der Hochkultur, eine verfeinerte Betrachtung.
Medizinisch ist die Sache ohnehin geklärt. Der Opernschlaf, wie wissenschaftliche Versuchsreihen ein-eindeutig ergaben (ein-eindeutig heißt: mit absoluter, zweifelsfreier Sicherheit), ist der gesündeste Schlaf überhaupt. Die angenehme Art von Dunkelheit spielt dabei eine Rolle, dazu die animalische Höhlenwärme von vielen hohen Tieren ringsum. Weiters schätzt das Schlafzentrum in unserem Hirn die hochwertige akustische Umhüllung und die unterbewusste Sicherheit, nicht aus dem Bett fallen zu können.
Auch historisch ist dem Opernschlaf das Wort zu reden, aus Respekt vor den „Vätern und Vorvätern, die in langer Linie vor uns mühselig an dieser Welt bauten," wie Abraham Lincoln sagte. Sie haben, seit im Jahre 1597 mit *La Dafne* von Jacopo Peri die Geschichte der Oper begann, im mühevollen Weg von Trial & Error den Wert des Opernschlafes ermittelt, samt wichtigen Ratschlägen. Hier aus Platzgründen nur vier davon.

Erstens: Man wähle die Aufführung eines Abends, an dem man lästige Gäste betreuen muss. Man setze sie auf gute, weit entfernte Plätze. Auf diese Weise wird man sie für gut drei Stunden los, was inklusive dem Schlaf einen hohen Energie-Gewinn bringt.

Zweitens: Man abonniere mit gleich gesinnten Freunden eine Loge und setze die Begleiterinnen grundsätzlich in die erste Reihe. Sie lenken die Blicke des Opernpublikums durch ihre opernmäßig aufgebrezelte Schönheit ab, auch durch ihr, aufgeregtes Gehabe, weil sie unablässig mit dem Opernstecher die anderen Besucherinnen mustern und ausrichten. Die Männer hingegen schlummern geschützt im Dunkel der hinteren Reihe.

Drittens: Der fortschrittliche Opernschläfer wählt klassische Inszenierungen. Moderne Darstellungen bergen das Risiko, dass mitten in der zweiten Tiefschlafphase plötzlich ein Flugzeug über die Tosca-Burgzinne braust oder in Mimis ärmlicher Stube ein Feuerwerk explodiert, um die arme Mimi aufzuheitern und ihre kalten Händchen zu wärmen.

Viertens: Nicht jede Oper schläfert auf gleiche Weise angenehm ein. Werke von Händel und Gluck werden wegen ihrer süßen Betulichkeit sehr geschätzt, Mozarts Werke wegen ihrer vollendeten Harmonie, die im Schlaf die Moleküle des Schlafenden stromlinienförmig formatiert, was dazu führt, als verjüngter Mensch aufzuwachen. „Wie neu geboren", sagen die Mozartschläfer gern. Theoretisch wäre auch Donizettis „Lucia di Lammermoor" gut geeignet, wegen der unverständlichen, eigentlich schwachsinnigen, beinahe geisteskranken Handlung, doch ist hier Vorsicht anzuraten, wie ich an einem persönlichen Beispiel illustrieren möchte.
Ich lud meine einstige Chefsektretärin Nora Ander zu einer *Lucia*, die von Edita Gruberova gegeben wurde. Ich schlief unverzüglich, sobald der Licht-Dimmer den Zuschauerraum verdunkelte. Als die Wahnsinns-Arie anhob, die selbst Tote ins Leben zurückschnalzt, passierte Schreckliches. Ich hatte gerade von meiner Bundesheerzeit geträumt, wo ich stramm in der Garde diente. Bei der ersten irren Koloratur der Gruberova sprang ich auf, salutierte und schrie „Hier!". Damit habe ich mir sehr geschadet, auch im Ansehen meiner Mitarbeiterin.

Darf man
IM BETT LESEN?

Das wollen wir bejahen. Noch dazu gern und temperamentvoll. Speziell Bücher wie dieses sind als Universallektüre konzipiert, also für Büro, Reise und Nachtkastl gedacht. Man erkennt dies daran, dass der Inhalt nach dem Sushi-Prinzip in kleinen Bissen serviert wird, deren Reihenfolge egal ist – man muss also im Bett nicht lange suchen, wo man am vorigen Abend aufhörte.

Manche Autoren hätten es zwar gern, wenn man ihr Werk in nobler Geistes-Umgebung läse, also in Bibliotheken oder den Arkaden von Klöstern. Sie möchten, dass der *Genius Loci* dem genialen Inhalt entspricht oder den schlechten Inhalt eine höhere Aura anfärbt. Ein begreiflicher Wunsch für Autoren, die recht gut schrieben, wenn nur ihre Sprache nicht wäre. Sie können jede Hilfe brauchen. Gute Autoren hingegen sollte es egal sein, wo man sie liest. Liberale Autoren werden sogar beteuern, die p. t. LeserInnen hätten mit ihrer großzügigen Geldgabe beim Buchkauf ohnehin alle Rechte erworben, auch die des Nichtlesens oder anderweitiger Verwendung des bedruckten Papiers.

Dazu kommt: In der heutigen Zeit, da Psychotherapeuten dazu raten, den Sex wegen des höheren Kicks in die Toiletten prüder Gastgeber oder in lauschige Kirchenparks zu verlagern, ist das Lesen neben dem Schlaf zur einzigen Existenzberechtigung der teuren Betten geworden. Ernst Hauschka, ein lebensweiser Denker, lobt das Lesen im Bett sogar als „Zeugnis von völliger Hingabe an die Kunst: Man überlässt es dem Dichter, wann man einschläft".

Erfahrung lehrt, dass es für Bettlektüre nur eine sinnvolle Einschränkung gibt: Größe und Gewicht. Meine Molden-Verlags-

Chefs Schaffelhofer, Sachslehner und Mauthe legen beispielsweise größten Wert darauf, dass ich meine Inhalte diszipliniert auf maximal 200 Seiten unterbringe, im schnuckeligen Format eines so genannten „idealen Geschenkbuchs". Nur so schützen wir die Gesundheit meiner geschmackssicheren LeserInnen im Falle des Einnickens. Plumpe, dicke Werke führen speziell bei Lesern, die schwerathletisch, also mit den ausgestreckten Armen des Stemmers lesen, unvermeidlich zu Nasenbeinbrüchen.

In meiner noblen Rolle als nützlicher Ratgeber habe ich aber einen Tipp parat, falls Sie partout Thomas Manns *Buddenbrooks* oder Musils *Mann ohne Eigenschaften* im Bett lesen wollen. In diesem Fall empfehle ich, eine der aparten hölzernen Masken vulgo *Larven* zu kaufen, die in Österreich für Perchtenläufe beliebt und wohlfeil sind. Diese federn alles ab und haben einen weiteren Vorzug: Sie kühlen den Sexualpartner ab, der vielleicht in Folge eines perversen, altmodischen Schubes wieder einmal an den früheren Nebenzweck des Bettes denkt und sich schwer atmend als Störenfried nähert.

Darf man BÜCHER MIT EIGENEN RANDNOTIZEN VERBORGEN ODER VERSCHENKEN?

Antwort: Niemals! Bei den Randnotizlern sind sich die Psychologen noch uneinig in der Einstufung. Einige werten sie positiv. Sie loben einen schnell anspringenden Geist, der unverzüglich zu eigener schriftlicher Darstellung drängt. Auch sei es ökonomisch vernünftig, die eigenen Anmerkungen gleich neben die Quelle der Erregung zu setzen. Andere Psychologen werten die Randnotizler als schwer gestörte Besserwisser und verhinderte Kritiker. Sie beziehen sich dabei allerdings in erster Linie auf schriftliche, infantile Aufschreie (besonders töricht: „Hört, hört!“, obwohl niemand sprach) oder Sinnlos-Persönliches („Hab ich schon vor zehn Jahren gesagt, aber mich fragt ja keiner nach einem Buch!“). Ganz anders verhält es sich logisch mit wissenschaftlicher Durcharbeitung oder den Randnotizen ernsthafter, journalistischer Rezensenten.

Unabhängig von der Natur der Notizen gilt aber: So ein Buch muss im eigenen Regal bleiben. Es darf niemals verborgt werden. Und schon gar nicht verschenkt, weil man als Schenker eines derart gebrauchten Buches jenen Schenkern gleicht, die den Armen gern ihre verschwitzten T-Shirts schenken, ohne sie wenigstens vorher zu waschen. Vor allem aber setzt man sich dem Verdacht aus, man wolle über das Hintertürl der Randnotizen mit seinem Geist glänzen. Wohl wissend, dass keiner, der so ein Buch liest, an diesen vorbeigehen kann. Jeder Mensch, auch der nobelste, ist ein kleiner Voyeur und liest gerne, was ein anderer heimlich so denkt und schreibt. Ich habe schon in frühester Jugend viele Lebensstunden verplempert, weil ich die Randnotizen in Büchern der Leihbibliothek von Pott-

schach/Ternitz mühselig entzifferte, was im Fall von stenografischen und fremdsprachigen Notizen harte Arbeit war.
Wer als erwachsen oder gar im Sinne meines letzten Buches (*Der neue Mann von Welt*) als geistiger *Elegant* gelten will, muss überhaupt alle Signale vermeiden, die der Umwelt zeigen sollen, welch Geistes er ist. Verschenkte und verborgte Bücher mit Randnotizen sind um nichts besser als Windjacken mit Aufschriften („I love New York") oder Auto-Heckscheiben mit Texten („Ich fahre korrekt – und Sie?"). Ich verstehe schon, dass dies Notsignale von Menschen sind, die in ihrer Großartigkeit noch nicht die verdiente Beachtung der Umwelt fanden. Bei Kindern sind Signale aller Art liebenswürdig, entzückend, logisch und artgerecht. Bei Erwachsenen sind sie ausnahmslos peinlich.

Darf man ALS BÜCHERFREUND E-BOOKS KAUFEN?

„Das Neue ist mir immer lieb, weil ich neugierig bin."
Adam Bronstein, Tagebuch eines Kapitalisten

Dies ist eine Geschichte über das elektronische Buch. Das „E-Book" geistert schon lang durch unsere Köpfe. Wirklich spannend wird es erst jetzt. Die Sony-Strategen in Tokio haben ihren drängenden Kollegen in Österreich nachgegeben. Nun wird auch hier das Projekt eines Bildschirmbuchs auf eine ernste Basis gestellt.

Man versteht darunter ein taschenbuchgroßes, im Fall von Sony logisch elegantes Gerät (Preis: 299,- Euro), das zirka 200 Novellen und Romane speichern kann. Die gewünschten *Contents* (Inhalte) kauft man über ein Internet-Portal wie *www.thalia.at*. Sie fließen nach Bezahlung via PC in den Speicher ein. Fortan können sie beliebig aufgerufen und gelesen werden. Das Sony-*Electronic Reader System* bietet zunächst freilich nur jene Bücher, deren Verleger einem Vertrieb via E-Book zustimmten. Wichtige Verleger wie Hanser zeigen freundliche Nasenlöcher, wichtige Andere noch nicht.

Für die Markteinführung fand man den vor-installierten, idealen Autor Daniel Glattauer. Seine E-Mail-Romanze *Gut gegen Nordwind* passt perfekt. Ich las sie kichernd im Bett, ohne meine Liebste zu stören. Ich nützte dafür eine Sony-Option, die es bei Papierbüchern in dieser Eleganz nicht gibt: eine schlanke Nachtlichthülle. Ich legte sogar meine Brille beiseite. Das E-Book erlaubt eine Vergrößerung der Schrift.

Kein vernünftiger Buchliebhaber wird das E-Book-Konzept verherrlichen oder verteufeln. Ich mag aber die Unternehmer, die jeden Versuch stützen, um DAS BUCH als wichtigste Kultur-Ikone in die Zukunft zu tragen. Bezüglich des E-Books von Sony fühle ich erstmals eine Chance auf neues Terrain. Jüngstes Beispiel: Willi Resetarits und ich wurden gefragt, welche drei Dinge wir auf eine einsame Insel mitnähmen. Willi sagte witzig: „Drei Bier." Ich sagte fad: „Meine Liebste, das Steirereck und ein E-Book voll Erzählungen, die ich noch nicht kenne."

Als Buch-Autor und Egoist habe ich ein schlichtes Prinzip: Ich werde auf lange Sicht das unterstützen, was meinen herzlich geliebten Buchhändlern unter dem Strich die meiste Kohle bringt.

Undenkbar, dass Willi, in dem hundert Novellen stecken, bald schon E-Books akzeptiert.

Darf man DEN OPERNGENUSS AUF ARIEN REDUZIEREN?

Antwort: Ja. Ich hoffe es zumindest. Andernfalls zählte ich selbst zu den Sündern. Seit vielen Jahren begleiten ausgewählte klassische Stücke meine schönsten Stunden, wozu beispielsweise das Lesen und Schreiben von Büchern zählt. Ich wäre nie auf die Idee gekommen, dafür den kompletten „Ring des Nibelungen" aufzulegen, zumal Wagner auf eine herrische Weise die volle Aufmerksamkeit fordert, und insbesondere *Tristan und Isolde* so schön ist, dass daneben nichts gelten darf, auch keine herzliche Siesta zu zweit.

Äußerst wohltuend hingegen, von kurzen, großen Tonsetzungen begleitet zu werden, beispielsweise Auszügen von Carl Orffs *Carmina Burana*, Igor Strawinskys *Riten des Frühlings* und Maurice Ravels *Bolero*. Liebgewordene Begleiter sind Bellinis *Casta Diva*, Puccinis *O mi babbino caro* und die Schmelzstücke aus Mozarts *Hochzeit des Figaro*, beispielsweise *Deh vieni non tardar*.

LeserInnen dieses Buchs, die auch meine Kolumnen in *trend* und *profil* verfolgen, werden wissen, dass ich in dieser Frage ein schlechtes Gewissen habe. Das hat mit dem wunderbaren Menschen und großen „Opernführer" Marcel Prawy zu tun.

Wir hatten eine Zeit lang den gleichen Friseur, hinter der Volksoper. Wir plauderten viel. Er mochte mich irgendwie, weil ich für ihn exotisch war. Er verstand nicht, wie man sich neben der Kunst noch mit Wirtschaft, Politik und Hi-Tech beschäftigen konnte. Manchmal nervte ich ihn. Beispielsweise, als ich sagte, ich nähme mir aus den Opern nur das Beste, die Arien. Da heulte er auf wie angeschossen. „Sie müssen sich die ganze Oper antun", rief er, „Sie dürfen nicht nur das Schmalz, Sie müssen auch das Brot fressen!"

Obwohl ich ihn bewunderte und auch in seiner Lebensphilosophie verehrte („Das Beste ist, viel verdienen und wenig besitzen"), blieb ich wesentlich dabei, die Opern zu filetieren. Ich halte dies weiterhin für kein Verbrechen, nicht einmal einen Verstoß gegen die Höflichkeit. Dies mögen aber die geschmackssicheren und gebildeten LeserInnen dieses Buches für sich selbst entscheiden.

Jene, die trotz Prawy eher meiner Meinung sind, werden auch mit der Frage „Darf man während einer Opernaufführung einnicken?" (siehe Seite 144) eine Freude gehabt haben.

10. Gastautor Phil Waldeck

Auto & Mobilität

Waldecks Wanderbriefe schmücken
seit über 20 Jahren als Front-of-the-book
die österreichische *autorevue*, die in
Deutschland und der Schweiz als
Kultheft gehandelt wird.
Man vergöttert ihre ganzheitlich-
artistische Ambition.

Darf man IN DIE WACHAU AUF SOMMERFRISCHE FAHREN?

„Es gibt Orte, die irgendwie tiefer gehen,
beispielsweise Stonehenge, Akra,
Angkor Vat und die Wachau."
Adam Bronstein, Tagebuch eines Kapitalisten

Dieser Tage zog mich Heinz Marecek beiseite. Der glänzende Regisseur, Schauspieler und Übersetzer englischer Bühnenstücke hatte eine wichtige Frage. Ich erkannte das an seinem lauernden Blick. Auch daran, dass er die Frage so nebenbei stellte, beinahe wegwerfend: „Kannst du mir als edler Freund schnell und druckreif die drei größten Vorzüge der Wachau nennen?" Ich konnte schon, wollte aber nicht. Heinz ist auch als Moderator und Autor begehrt, also bei aller Freundschaft ein Konkurrent. Wahrscheinlich soll dieser Schurke irgendetwas über die Wachau machen, dachte ich grimmig, über *mein Terrain*! Also erzählte ich ihm lauter Unsinn. Ich hoffe, er verwendet meine Sätze. Dann kann er die Wachau als Thema vergessen. Wahrheitsgemäß hätte ich Folgendes sagen müssen:

1. Die Wachau ist eine der schönsten Landschaften unter dem Himmel.
2. Die Wachau ernährt uns auf höchstem Niveau – gut 50 Prozent der Einheimischen setzen auf höchste Qualität im Essen und Trinken.
3. Die Wachau unterstützt auf seltsame Weise das Denken – sie fördert die kreativen Prozesse.
4. Die Wachau wird nie fad – irgendwie kommt dir jede Reise wie die wichtigste vor.

5. Die Wachau kennt eigentlich keine schönste Jahreszeit – das glauben nur die Touristen.

Diesmal ist hauptsächlich der Punkt 4 dran, und ein Einstieg in den Punkt 5, mit einer unvermeidlichen Berührung des Punktes 3.

Die zweitwichtigste Wachau-Reise reicht gut fünfundzwanzig Jahre zurück. Österreich lag satt im Wohlstand. Man ging daran, den „Ostblock" zu erobern. Das Wirtschaftsmagazin *trend* schrieb die Titelgeschichte *1.000 Tipps und Tricks im Ostgeschäft*. Die Recherchen in Polen, Ostdeutschland, Ungarn, Slowenien und der damaligen Tschechoslowakei waren abgeschlossen. So blieb die Frage, wo man die Geschichte schreiben sollte. Reginald Benisch, heute neben Thomas Martinek Chefredakteur des *trend*, war damals federführender Autor. Er fragte mich als seinen Boss und Herausgeber, ob man diese Geschichte nicht am besten im Schlosshotel Dürnstein in der Wachau schriebe.
„Es gibt nichts, was dafür spricht", sagte ich, „aber noch weniger dagegen." So entstand in einer hoch gelegenen Turm-Suite dieses trefflichen Hauses eine Geschichte, die später auch der deutsche *Playboy*, leicht abgewandelt und erotisch zugespitzt, für damals sagenhafte 42.000,- Schilling kaufte.
Vor 1980 war es nicht ungewöhnlich, die Wachau als erweitertes Studio und Atelier zu sehen. Fotografen wie der blutjunge Franz Hammerstiel jr. oder Picasso-Freund Franz Hubmann fotografierten Motive wie die Marillenblüte und das Hotel Mariandl bei Spitz. Die niederösterreichische Malerin Martina Schettina, heute mit Akt-in-Acryl-auf-Leinwand bekannt, malte früher Aquarelle in Willendorf, wo die berühmte „Venus" her ist – was später zur Ewig-Etikette des Langenzersdorfer Venus-Weines wurde. Auch Filmer wie Axel Corti zog es in die Wachau. Bernhard Ludwig, der erfolgreichste Seminarkabarettist Österreichs, schwört darauf, er habe in einer Dachstube in

Emmersdorf die ersten Impulse seines Erfolgs-Programms erhalten: „Anleitung zur sexuellen Unzufriedenheit." Adolf Frohner ließ sich, längst weltberühmt, in Maria Laach nieder. Die glückliche Erinnerung an die damalige Reise hat nicht nur mit dem gelungenen *trend*-Werk zu tun. Es war generell eine Woche der Freude. Manches war damals noch besser als heute. Es gab beispielsweise weniger Neid. Niemand rüffelte uns, weil wir das affigste Auto aller Zeiten fuhren, einen roten Jaguar E-Type mit Riesenschnauze, und dass wir zu dritt in dem Zweisitzer saßen, ich als Pilot und auf dem Schoß von Reginald seine bald danach schwangere Frau. Unzählige Male hielten uns Polizisten auf, die damals noch Gendarmen hießen. Sie hörten uns schon von weitem, da der Roadster unheimlich britisch röhrte. Keiner kritisierte uns. Alle wollten nur das Auto besichtigen. Sie waren noch Freunde der Weinwirtschaft. Sie erkannten ohne Alkometer die Fahrtüchtigkeit des Chauffeurs. Damals entstand die Idee, der freundlichen Exekutive bei jedem Stopp mit einem Gedicht zu danken. Das erste war Goethes *Faust 1* entnommen und entsprach unserem Glücksgefühl:

Werd' ich zum Augenblicke sagen:
Verweile doch! Du bist so schön!
Dann magst du mich in Fesseln schlagen,
Dann will ich gern zugrunde gehn!

Kollege Helmut A. Gansterer, der uns damals begleitete, kaufte die Idee des „Gedichts an Polizisten" um damals zwanzig Schilling, etwa 1,50 Euro. Wer sie heute in *Waldecks Wanderbriefen* liest, möge wissen: Damals entstand sie.
Ich habe es immer für Irrsinn gehalten, die Wachau als reine Sommerfrische anzusehen oder bestenfalls als freundliche Halbjahres-Destination.
Ich bin überzeugt, dass wirkliche Kenner die geheiligte Region zwischen Krems und Emmersdorf ganzjährig besuchen sollen

und dürfen, ohne gleich das harmonische Wachstum des Weines oder die Fortpflanzungsfähigkeit der Winzer zu stören. Vielleicht liegt meine Lust, die Wachau nicht nur zur Marillenblüte und in den Sommermonaten aufzusuchen, an meinem schlechten Charakter, der wesentlich von Boshaftigkeit und Schadenfreude bestimmt ist. Ich genieße die Wachau auch deshalb, weil meine Freunde, die Weinbauern, praktisch immer erschöpft von der Arbeit sind. Ich erhole mich als Müßiggänger neben Müden besonders gut. Saat, Pflege, Feldarbeit, Ernte und Kellerarbeit sind eine Aufgabe rund ums Jahr. In der Wachau ist alles besonders anstrengend, wegen der steilen Terrassen und weil die internationalen Weinfreunde von den Wachau-Produkten mit Recht nur das Weltbeste erwarten.
So hatte ich stets Freude vom frühesten Frühling bis in den späten Herbst, gebe aber zu, die allerletzte und vierte Jahreszeit nie wirklich erforscht zu haben. Im Winter hielt ich nur kurz an, um mich in einer offenen Wirtschaft oder einem Café nahe der Straße aufzuwärmen und munter zu halten. Oft schoss ich überhaupt durch bis Weißenkirchen, um dort rechts abzubiegen und ins Hochland nach Albrechtsberg zu fahren. Zu meinem Kumpel und Weinpfarrer Hans Denk, um regelmäßig die furchtbare Sühne und Buße wahrzunehmen, die er mir geradezu alttestamentarisch auferlegte, bevor ich noch meine Sünden beichtete.

Darf man
IN DER HOCHSAISON URLAUB AN DER CÔTE D'AZUR MACHEN?

Der Gentleman investiert in eine letzte, nostalgische Reise an die Côte d'Azur. Sie wird ihn lehren, das dunkelste Tal im Appenzell dankbar als Heimat zu sehen. In der Hauptsaison erlebst du ab Menton lähmende Staus, und Hyperstaus nach Unfällen. Und alle fünf Kilometer wirfst du 1,20 oder 2,50 Euro als Maut ein. Ein Paradies wurde zur Hölle. In Nizza beschwören dich Einheimische, bei roter Ampel die Fenster und Türen zu schließen, das organisierte Verbrechen sei übermächtig. Höchstwahrscheinlich eine kleinbürgerliche Hysterie. Man mag trotzdem nimmer auf einen Espresso ins „Negresco" oder ins „Carlton" in Cannes gehen. Bis vor zehn Jahren standen dort noch die Cabrios. Die Kameras lagen auf den Beifahrersitzen, die Schlüssel steckten. Im Sommer brennt auch immer öfter das Hinterland. Das ist aber Zufall und Laune des Schicksals und hat nichts mit dem Fall der Mauer zu tun, also nichts mit den Russen im Wesentlichen, von denen die Juweliere der Côte d'Azur bis jetzt besser leben als mit der zuletzt recht sparsamen Klientel aus Westeuropa, Skandinavien und Großbritannien. Logis-Empfehlung für die letzte Reise: das Hotel „Balmoral" in Monte Carlo, zwei Minuten vom Casino-Platz. Dort ist man wirklich extrem freundlich, so als glaubte man, es seien die letzten Tage der Menschheit gekommen. Die besten Zimmer bieten den Panoramablick über Meer, Yacht-Hafen, Grimaldi-Felsen und Formel-1-Tunnel. Der Abschied von der Côte d'Azur darf weiträumig ausfallen, durchaus bis weit in den Südwesten nach St. Tropez. Ich empfehle als letzten Blick jenen vom Friedhof. Dort läge jeder gern, oder? Weiter westlich und südlich entspannt sich alles und wird in der luftigen Provence wieder schön.

Darf man
HEUTE NOCH AUSUFERND REISEN?

„Der Weise will reich an Freuden sein."
Khalil Gibran

Eigentlich wollte ich über Wein schreiben. Ich hatte gelesen, die unterbeschäftigten und überbezahlten Wichtigmacher in Brüssel planten nach den schwachsinnigen Warnschriften auf den Zigarettenschachteln (die mehr Psychosomatiker krank machen als die Zigaretten selbst) nun auch Warnschriften auf den Weinflaschen. Etwa: „Weintrinken kann Sie den Führerschein kosten!" oder „Wein, Weib und Gesang bereust du ein Leben lang!" in Vorbereitung auf künftige, warnende Beschriftungen von Weibern und Liederbüchern.
Der Teufel wollte aber, dass ich kurz vor der süffigen Wein-Kolumne mit fünf Weltmeister-Winzern am Tisch saß, mit Fixpichler, Knoll, Hirtzberger, Tement und Wieninger. Da begriff ich, dass ich weniger von Wein verstand als ich geglaubt hatte. So beschloss ich, dieses Thema aufzuschieben und erst nach aufopfernden Nachhilfestunden wieder aufzugreifen.
Das Ersatzthema kam geschenkt, da in der Runde der Winzerkönige das Thema Reisen kursierte. Abgesehen von Wachau, Steiermark und Strebersdorf war hauptsächlich von Burgund und dem Bordelais die Rede, von Piemont und Toskana, von Kalifornien, Südafrika und Australien.
Der Vorzug dieser Reiseziele liegt auf der Hand. Bei kluger Routenführung kann man viel Neues über Grundnahrungsmittel wie Chardonnay und Pinot Noir lernen. Man tut was für die Gesundheit.
Die Vorzüge des Reisens gehen allerdings über den Wein hinaus. Sie sind teilweise überirdisch, haben immer eine meta-

physische Note. Jedes „auf & davon“ (Copyright: *trend*) führt zu einer Schärfung des Geistes, die anders nicht zu kriegen ist. Schon die zahllosen BürgerInnen, die nie einen Fuß vors Haus setzen, aber in der Sicherheit des Eigenheims wenigstens die Reise-Weltliteratur lasen, sind viel herumgekommen und gut drauf. Bruce Chatwins Berichte von Patagonien und Nordafrika vermitteln die Seele der Länder, begünstigt durch Chatwins Ortskenntnis und seinen überragenden Kunstgeschmack. Das Gleiche gilt für die theatralische Dichte der Südsee-Erzählungen von Somerset Maugham. Und Paul Theroux´ China-Berichte sind selbst für Geschäftsreisende brauchbar, obwohl sie vom kommunistischen Rotchina, nicht vom heutigen Goldgräberchina handeln.

Ein vollendeter Ersatz fürs eigene Reisen ist die Reiseliteratur freilich nicht. Zumal darin mit viel geflunkert wird. Oder, um es netter zu sagen, die Wirklichkeit mit Pointen verbessert wird. Man wird nie wissen, ob Graham Greene tatsächlich in einer Opium-Höhle Indochinas erwachte und auf dem Bücherbrett über seinem Polster die eigenen Werke in französischer Übersetzung sah.

Und doch: der Wert des Lesens als Reisevorbereitung zeigt sich auch im neuesten Trend zu Inlandsreisen. Viele BürgerInnen, bewegt von Existenzangst-Geiz und Flug-Terror-Ängstlichkeit, entdecken Österreich neu. Und bei dieser Gelegenheit versunkene Heimat-Literaten. Beispielsweise Adalbert Stifter und Stefan Zweig. Oder Daniel Spitzers *Wiener Spaziergänge*, die bis Judenburg führten. Dort verlangte Spitzer vom Fiaker eine Sehenswürdigkeit. Der gute Mann führte ihn auf eine Wiese: „Sehen Sie die Grube dort? Da ist gestern einer hineingefallen.“ Das bringt uns weiter. Wir wissen nur nicht genau, wie und warum. Inlandsreisen haben viele Vorteile und einen Nachteil. Sie sind nationalökonomisch günstig. Sie helfen den Hoteliers, die Betten auch im Sommer auszulasten. Und Bergwanderungen & Seebäder sind zirka tausendmal gesünder als der Massen-Grill in Antalya.

Profi-Künstler brauchen für eine Schärfung ihrer Sinne nichts Fremdes. Sie entdecken das Besondere auch in vertrauter Umgebung. Der durchschnittliche Nicht-Künstler hingegen braucht für eine Sensation seiner Nerven das Unvertraute und Ausländische. Je fremder das Sujet, desto flotter die Tagebuchtexte, desto frischer die Zeichnungen, desto besser die Erinnerungsfotos.

Für Franz Hubmann, unseren bislang besten, jüngst verstorbenen Fotografen, war es im Prinzip egal, ob er in Maissau am Manhartsberg oder in den Ateliers von Picasso und Giacometti fotografierte. Peter Handke, Champion der Detailverliebten, sieht im eigenen Garten mehr als Amateure im Dschungel. Auch Heimito von Doderer genügte ein Wiener Gemeindebezirk für Meisterwerke. Als er 70 wurde, gratulierte Hans Weigl mit folgendem Text: „Doderer arbeitet an einem neuen Roman. Er handelt von einem Mann, der die Wiener Ringstraße überquert. Die ersten 700 Seiten sind fertig." Für Handke wie Doderer gilt freilich, dass sie ihr Empfindungstalent auf vielen Fernreisen schulten, Handke im Frieden, Doderer im Krieg.

Amateure sehen daheim nichts, in der Fremde vieles. Unsicherheit und ein höherer Adrenalinstand befähigt sie fern von daheim zu kleinen Meisterwerken. Fazit: Ehe du ein guter, kreativer Inlandsreisender wirst, musst du ein guter Auslandsreisender gewesen sein.

Das Fremde macht reich. Das gilt nicht nur für unsere Exporteure und Banken, die sich gerade den Ex-Ostblock untertan machen. Es gilt auch für alle Bürger, die nichts Kaufmännisches am Hut haben und den Mehrwert eher im Geistigen suchen. Juli und August sind dafür ideal. Sie bringen viel und kosten wenig, da in den meisten Berufen im Hochsommer ohnehin tote Hose ist. Also auf & davon!

Darf man
EINEN PORSCHE MIT DIESELMOTOR FAHREN?

Antwort: Ja, zumal dies nun zum ersten Mal möglich ist. Österreicher und Deutsche, die aus patriotischen Gründen, Qualitätsliebe oder aus optischer Vorliebe diese Marke schätzen, können nun erstmals einen Cayenne ins Auge fassen, der die Vorzüge eines Dieselmotors bietet, ohne gleich unsportlich zu sein. Für einen SUV mit großer Stirnfläche ist ein Diesel äußerst vernünftig. Man kommt damit auch jenen Fahrern entgegen, die gern mit Druck aus dem Drehzahlkeller fahren.

Bei den Modellen Boxster, Cayman, Panamera und dem unverwüstlichen 911 Carrera, die wie Brotmesser den Wind schneiden, setzt Porsche weiterhin auf höher drehende Benzinmotoren, weil deren Fahrcharakter und Sound dem klassischen Porsche-Feeling entsprechen, das im Jahr 1949 in den Wäldern von Gmünd mit dem Porsche 356 gefunden wurde. Ähnliches gilt für Sportmodelle von Ferrari, Maserati oder Nissan, die Konkurrenten oder Nachempfindungen von Porsches sind.

Gleichwohl wird die Zukunft bald auch für Liebhaber der Stuttgarter Firma mit den österreichischen Wurzeln eine erstaunliche Fülle von motorischen Alternativen bieten, bis hin zum reinen Elektro-Antrieb, sobald die Zeit reif ist. Den Sound wird man dann digital-elektronisch einspeisen müssen. Nach heutiger Auffassung ist dies eine grauenvolle Vision, und undenkbar für alle Liebhaber des klassischen 6-Zylinder-Boxer-Motors im Heck. Aber bald schon wird niemand mehr fragen, ob man einen Diesel-Porsche, einen Hybrid-Porsche oder Elektro-Porsche fahren darf, und ob es gestattet ist, das grandiose Klangbild eines 911, GT2, GT3 oder Carrera GT per CD und Lautsprecher ins Cockpit zu zaubern.

Darf man ALS AUTOLIEBABER DEN UMWELTSCHUTZ MISSACHTEN?

„Die Krise und die Umwelt-Reformen werden uns Autofreunden unheimlich weh tun, aber wir werden nachher umso stärker sein."

Helmut A. Gansterer (*trend/profil*)

In der auslaufenden k. u. k. Monarchie gab es eine phantastische Zeitung. Sie hieß *Die Binse*. Untertitel: „Zeitung zur Verbreitung von Licht und Wahrheit". Sie war von der Art, wie sie heute nicht mehr gemacht wird. Der Gründungs-Leitartikel fing so an: „Mit dieser ersten Ausgabe stellt die Binse ihr Erscheinen ein."
Ein fröhlicher Blitzstrahl aus den Tiefen der Vergangenheit, der uns hilft, das Dunkle der Gegenwart aufzuhellen. Zweierlei gefällt daran.

Erstens: Die Anekdote erinnert an eine Zeit, in der es Männer-Clubs mit polizeilich abgeschirmter Dreimeilenzone gab, um Weiber fernzuhalten. Hauptgesprächsstoff war die neue Erfindung „Automobil". Man witterte eine große Wende. Im Kosten-Nutzen-Vergleich mit dem Pferd fiel das Auto-Lob: „Frisst nur, wenn es arbeitet." Haben wir längst vergessen, gilt aber noch heute.

Zweitens: Die genannten Zeitungs-Gründer hatten Format. Das heißt in erster Linie: sie bewahrten in der Krise ihren Humor. In meiner Phantasie höre ich ihr homerisches Gelächter, als sie für ihre kleine Seite-1-Kolumne den idealen Titel fanden: „Gleichgültiges aus aller Welt."

Mir fehlt dieser Witz in heutigen Zeiten. In der Finanzkrise, die vor allem das Auto in die Federn staucht, ist die in der Antike verehrte „Weisheit der Heiterkeit" verloren gegangen. Auch wenn man es versteht, darf man es nicht dulden. Trübsal ist würdelos. Sie muss an sizilianische Klageweiber delegiert werden, die an den Gräbern um die Wette heulen, wer länger plärrt, hat gewonnen. Ein Jammerer zeigt null Format. Verlust der Heiterkeit ist inkompatibel mit dem Anspruch, ein Gentleman zu sein.

Mein Freund Helmut A. Gansterer, dessen jüngster Bestseller *Der neue Mann von Welt* (Rekord: nach 10 Tagen die Nr. 1, dann 17 Wochen unter den Top Ten) strenge Maßstäbe anlegt, ersuchte mich, der *autorevue*-Community folgende Überlegung mitzuteilen: „Jede noch so tiefe Wirtschaftskrise ist noch immer kein Zweiter Weltkrieg. Das eine ist Schmerz, das andere ist Todesnähe. Wirklich starke Charaktere verloren selbst im Krieg ihren Witz nicht." Um ein Beispiel gefragt, erzählte er die Geschichte eines englischen Adeligen, der mitten im Geschützgebrüll fröhlich auf den gegnerischen Artillerie-Hügel wies und folgende letzte Worte fand: „Auf diese Entfernung treffen diese Arschlöcher nicht einmal eine Herde von Elef ..."

Das Kapitel über die Krankheit „Heiterkeits-Schwund" muss gründlich sein. Sie ist verbindendes Merkmal der Finanzkrise und der Umweltdebatte. Und hat wesentlichen Einfluss auf Gewinn und Verlust. Von Alfa Romeo bis Volkswagen sollten die Konzerne ihre Manager in Frohsinns-Seminare schicken: „Wie man heute strahlend lächelt, ohne wie ein Trottel oder eine falsche Sau auszusehen." Händler können das auch nicht mehr so gut wie früher. Es wäre aber wichtig. „Die Götter lieben die Lächelnden", schrieb Demosthenes. Auch die Menschen fühlen sich von den Heiteren magnetisch angezogen, weil sie dahinter Siegertypen vermuten, wie sie umgekehrt von Miss-

mut auf Verlierer schließen, die man weiträumig umgeht, um sich nicht anzustecken.
Im *trend* las man: „Einige wenige Unternehmer und Manager schaffen es sogar, schlechte Zeiten willkommen zu heißen. Ihr Argument: Nur in der Baisse kannst du echte Marktanteile gewinnen, in der Hausse kann das Geschäft ein jeder." Selbst ich, als berüchtigter Optimist, bezweifle freilich, dass diese resche Einstellung heutzutage möglich ist. Die Parameter sind derzeit so krass, dass wohl auch der schwungvollste Unternehmer lieber eine Hausse hätte.
Man flicht als Autofreund instinktiv die Wirtschaftskrise und die Umweltfrage zu einem Zopf. Obwohl sie separate Herausforderungen sind. Sie fallen halt gleichzeitig über die Auto-Manager her, denen mein zärtliches Mitgefühl gilt. Im Folgenden konzentriere ich mich auf die Grün-Debatte, die mir schon etliche Tritte versetzte.
Beispielsweise verlor ich durch sie einen glänzend dotierten Lehrstuhl, obwohl ich zu höchsten Hoffnungen berechtigte. Ich war der Erste gewesen, der mit einer Doppel-Dissertation einen Doppel-Doktor in Technik und Betriebswirtschaft schaffte (*Die technischen Voraussetzungen eines Porsche 911 Carrera als Fiskal-LKW*). Auch meine Habilitationsschrift hatte mit Lastwägen zu tun: *Der LKW als Cabrio – job enrichment für Truckers.* Ich war weltweit gefragt und wählte das fetteste Angebot. Leider vergeigte ich die Antrittsrede meiner Vorlesungsreihe (*Grün-Technik im Automobilbau*) an der renommierten ETH Zürich. Ich verwechselte die Schweiz mit Österreich. Um mich beliebt zu machen und meine Autoleidenschaft zu zeigen, erzählte ich am ersten Tag ausnahmslos Schnurren und Hoppalas, die ich als *autorevue*-Tester erlebt hatte.
Hier ein Auszug jener, die ich im Zürcher Audi Max vortrug: Wie ich einen Talbot-Formel 1 durch den Schnee von Niederbayern und später einen Maserati Merak durch den Schnee des

Wienerwaldes schob ....warum ich das schlechteste Allrad-Cabrio aller Zeiten, den Jensen Interceptor, trotz 50-Liter-Verbrauch und sieben Liter Castrol pro Tankfüllung liebte ...wie ich in einem Carrera GT2 den Bullen davon fuhr und sie später anzeigte, weil sie mich so gehetzt hatten ...wie ich in einem Jaguar-E-Typ verträumt durch den Frühling fuhr, nie den langen ersten Gang verließ und nachher versuchte, das Getriebe auf dem Flohmarkt zu verkaufen ...wie ich mit einem meiner All-Time-Darlings, dem aktuellen Bentley Continental GT Convertible, zum engen Freund aller Tankwarte meiner Heimat wurde ... und so weiter.

Man fand, ich hätte das Thema verfehlt. Ich wurde ausgebuht wie vor mir nur Maria Callas, als sie an der Met im Vortrag von „Casta Diva" einschlief und beim Aufwachen „Guten Abend, gut' Nacht" sang.

Mein Lieblingshotel, das 1905 von einem Österreicher gegründete *Baur au Lac*, hatte vom Skandal gehört. Ich möge künftig doch bitte in bescheidenen Hütten absteigen, im *Storchen* oder *Dolder Grand*. Derweil ich deprimiert meine Koffer packte, dachte ich, dass ich in der Antrittsrede dummerweise ein falsches Bild von mir vermittelt hatte. Ich bin ja eh schon ein halber Grüner. Warum erzählte ich nicht folgende Geschichten:

Wie ich in brutto 24 Stunden im Citroën 2 CV mit 50 Litern auf 1.250 Kilometern von Wien nach Paris fuhr ....wie ich im Mini-Diesel-Cabrio billiger unterwegs war als auf meiner greisen Harley Electra Sport Glide Classic oder meiner schönen alten BMW R 1100 RT ...wie viel vertraute Freude ich im neuen Mazda MX-5 empfinde, dessen Urahn mich einst durch die zauberische Umgebung von Hiroshima trug ...wie gern ich das Smart Cabrio bewege ... und wie gern die lustige, knallrote Vespa 250 GT mit ABS.

Warum erzählte ich nicht diese Geschichten?
Die Antwort fällt mir schwer. Sie steckt irgendwo in meinem Männerhirn, im Blut-Testosteron und im Süden meiner *tools & toys*. Ich will noch nicht wahrhaben, dass ich schon ein halber Grüner bin. Aus dem einfachen Grund, weil ich's nicht freiwillig wurde. Noch immer empfinde ich das Grünsein als Fremdbestimmung.
In der Farbenlehre Max Lüschers bin ich derzeit im Zwiespalt zwischen Gelb und Grün. Gelb steht für Leidenschaft, grün für Vernunft im Dienst der Natur. Im gültigen CMYK-Farbraum unserer Druckerei (Cyan-Magenta-Yellow) liege ich exakt auf Lindgrün. Sag also Professor Philipp Lindgrün zu mir.
Lindgrün wirkt als Jaguar-Lackfarbe friedlich und nobel. Als Seelenlack wirft dich Lindgrün von einem Extrem ins andere. Im Smart Cabrio in *Downtown Vienna* bin ich voll Grün. Doch wenn ich das V8-Bollern im BMW-Sechser-Cabrio höre, das mich an wilde US-muscle-car-Zeiten mit Mustang und Barracuda erinnert, schnürt es mir das Herz ab vor Freud und Weh. Muss ich jetzt nach Kuweit und Abu-Dhabi auswandern, zu den neuen Teilhabern von Daimler-Benz, um in den nächsten 40 Jahren immer noch resche Mercedes-AMG-V8-SLs genießen zu können?
Als Österreichliebhaber bleibe ich sicher daheim. Was also tun? Übers Jahr mönchisch-grün leben und in der großartigen Ennstal-Classic-Rallye meiner geliebten Freunde Zwickl & Glöckner alles sinnlich aufholen, mit Lamborghini Miura, Jaguar-C-Type, Porsche Spyder, Ford GT 40 und all den wunderbaren Zeugen einer wilderen Zeit?
Um die Wahrheit zu sagen: Ich bin noch eher gelb als grün. Obwohl ich begreife, dass es toll ist, die Anfänge der Grün-Technik mitzuerleben. Goethe: „Wir werden sagen dürfen, dabei gewesen zu sein." Meine Vorbehalte liegen darin, dass

mich kein einziges Grün-Auto-Konzept voll überzeugt, sobald ich die komplette Öko-Bilanz durchrechne (Fachjargon: *well-to-wheel*). Ein Konzept widert mich sogar an: Bio-Sprit aus potentiellen Nahrungsmitteln, mit allen dortigen Preisfolgen. Die klügste Grün-Technik ist mir bis dato die geglückte Verfeinerung herkömmlicher Technologien, die fast alle namhaften Autoproduzenten bieten.

Ich will aber nicht feig kneifen, wenn es um den persönlichen Zukunfts-Tipp geht. Nach Lektüre einer Studie der *Economist Intelligence Group* („In search of the perfect battery") setze ich auf Elektrik. Perfektes Hybrid wäre mir recht, um noch möglichst lang den Verbrennungsmotor zu spüren, der mir das Leben versüßte. Wir werden aber bald bei einer In-Line-Kombi landen, wo ein stationärer Kleinbenzinmotor die Batterie lädt, und schließlich bei reiner Elektrik mit Radnabenmotoren wie vor zehntausend Jahren im Lohner-Porsche. Wetten? Ich wette aber nur mit *autorevue*-Redakteuren. Die sollen ruhig verlieren. Die LeserInnen sind mir dafür zu schade.

Ich weiß meine Darlings wie 911 und Boxster sind für eine Elektro-Zukunft räumlich gut gerüstet. Kein Problem. Ich werde nur neurotisch, wenn ich an den Sound denke. Werde ich mich an Summ-Brumm-Säusel-Geräusche gewöhnen müssen? Da stelle ich mich optimistisch auf klasse Audio-Software ein, die mir drehzahlabhängig in Raumstereo die Klangbilder aller großen Verbrennungsmotoren liefert, beispielsweise jener von Bugatti Atlantic, BMW 328, Jaguar XK 120–150, Mercedes-Silberpfeil, Alfa Romeo C8, VW-Käfer, Audi-Ur-Quattro, DKW 3=6, Trabi, Porsche 917 und den Le-Mans-Aston-Martin. Soll mir nix Schlimmeres passieren. Auch die Zukunft darf man sich schön und sinnlich denken. Zunächst müssen wir freilich die Krise bewältigen, möglichst gemeinsam, in großzügigem Geben und Nehmen.

Darf man
MEHR ALS EINEN VW BESITZEN?

„Genug ist nie genug."
Konstantin Wecker

Ich habe das Wort „Krise" satt. Ich entziehe mich dem Gejammer. Mehr noch: ich sorge für eine gewisse Fröhlichkeit. Erstens konsumiere ich mehr als in fetten Jahren, damit es schnell wieder aufwärts geht. Zweitens stelle ich klasse Fragen. Beispielsweise: Wie viel VW braucht der Mann?
Ich schreibe das für Männer. Aber nicht, weil ich Frauen nicht mag, Gott behüte. Ich halte sie für das letzte große Rätsel und das letzte gefährliche Abenteuer. Es ist nur so: Frauen sind bei Autos arg sparsam. Außerdem war ich nie Schwester oder Geliebte und kann nur schwer mit ihrem Kopf denken. Also zurück zur Frage und gleich die Antwort: Ein vernünftiger Mann braucht ziemlich viele VWs in der Garage.
Erstens einen extra-umweltfreundlichen Polo für die Stadt, zumal er in der jüngsten Ausgabe richtig schön geworden ist und gut zu Mode-Einkaufs-Sackerln passt (man sieht, ich schreibe doch auch für Frauen). Zweitens einen Golf GTI für die wilden, verjüngenden Tage. Drittens für die Langstrecke das große, attraktive Passat-Coupé, ab 70.000 Kilometer pro Jahr den Phaeton. Bei großen Kilometerleistungen haben die Großen die beste Umwelt-Gesundheits-Gesamt-Bilanz. Das glaubt zwar kein Grüner, ist aber so. Nur fehlt hier der Platz für eine gründliche Erklärung. Viertens müssen wir für Expeditionen und Umzüge an Touran und Touareg denken. Fünftens braucht jeder, der Open Air lieben lernte, den EOS. Und sechstens hat jeder Gentleman kulturelle Verpflichtungen gegenüber der Historie. Also muss auch ein VW-Oldtimer her.

Schon in der viertletzten Ausgabe von *AUTO* habe ich versprochen, meine persönliche Hitparade der VW-Klassiker zu präsentieren. Das muss noch warten. Es eilt auch nicht. Wer meine Ratschläge befolgt, hat fürs Erste eh alle Hände voll zu tun, um fünf Kaufverträge von Neuautos zu signieren.
Was aber, wenn es gerade zwickt? Wenn nicht genug Kohle da ist für das volle Feuer? Dann fiele meine Wahl auf den EOS. Er kann viel. Er ist eine Eier legende Wollmilchsau. Er ist weder zu groß noch zu klein. Mit dem fünfteiligen Klappdach (und dem noblen Dach-im-Dach) ist er eleganter als andere Coupé-Cabrios. Und mit offenem Dach, wenn der Wind das Haar scheitelt und um die Ohren pfeift, wirkt er auch mit den sparsamsten Motoren fast so schnell wie ein GTI. Das, was er nicht kann, erledigt ein kleiner Anhänger. Auf dem steht eine geländegängige Yamaha (eine Firma, der VW hierzulande freundlich verbunden ist) und die Kisten und Koffer der Familie, die gerade umzieht, weil die alte Garage zu klein geworden ist.

Darf man MOTORRAD FAHREN ALS LUXUS BEZEICHNEN?

„Wenn ich einen Ferrari fahre,
würde ich am liebsten aussteigen und anschieben."
Honda-Racer und Weltmeister Mick Doohan

Mick Doohan hat ein Gefühl für Schmäh. Und echtes Feingefühl für jene einspurigen, zweirädrigen Kraftfahrzeuge, die in seiner Heimat Australien *motor cycles* oder *motor bikes* genannt werden, oder einfach *Bikes* wie bei uns. Als Valentino Rossi der 1990er-Jahre zog er Kreise um die Konkurrenz. Die 200 PS der Renn-Honda wirkten in Michael „Mick" Doohans Hand tatsächlich wie 200 Pferde, die ein Federgewicht von 200 Kilo (Maschine plus Mann) um die Rennstrecke schleuderten. Die Wirkung eines Leistungsgewichts von 1 Kilo pro PS ist für Autofahrer unvorstellbar. Ehe die Ferraristi ihr F-430-Coupé auf 100 km/h beschleunigen, ist die Renn-Honda auf 200 km/h und längst den Blicken entschwunden.
Doohans Satz, er würde in einem Ferrari am liebsten aussteigen und anschieben, ist also technisch begründbar. Er gilt in abgeschwächter Form auch für normale Biker und normale Bikes. Selbst ein Einzylinder-Modell wie die 690 Supermoto/R des österreichischen Bike-Diamanten KTM ist mit 3,9 Sekunden schneller auf 100 km/h als der Ferrari, obwohl 22 Stück der KTM im Preis des Modena-Flitzers (ab 202.000,- Euro) Platz haben.
Kann Beschleunigung Luxus sein? Man hört gleich ein tausendfaches NEIN!. In der heutigen Zeit ist Bravsein angesagt. Die entrüstete Ablehnung von Beschleunigung ist aber unsinnig oder unaufrichtig.

Falls unsinnig, hat sie mit einem Unwissen zu tun, das man nur Klosterschülerinnen verzeiht. Sie haben nie jene *Sensation der Nerven* erlebt, die mit Sünden aller Art verbunden ist, so auch mit sündhaft hoher Beschleunigung. Diese liegt bei Motorrädern bei durchschnittlich 3 bis 5 Sekunden auf 100 km/h. Das ist ein Luxus des Außergewöhnlichen, der vom normalen Leben nicht geliefert wird, nicht einmal per Fenstersturz. Hohe Beschleunigung befriedigt nicht nur das menschliche Streben, natürliche Grenzen zu überwinden. Sie regt auch den Kreislauf an, liefert süße Endorphine und spitze Adrenalinschübe. Letztere werden speziell von Motorrad fahrenden Managern gelobt. Adrenalinschübe lenken die volle Konzentration auf die momentane Handlung. Sie filtern alles andere aus, beispielsweise berufliche Sorgen. Sie sind wie Urlaub zwischendurch, weshalb Führungskräfte beider Geschlechter die höchsten Zuwachsraten unter den Bike-Begeisterten zeigen.
Der erste namhafte Biker, der das Erholungs-Potential und die „Umspannungs-Qualität" der Bikes medienwirksam rühmte, war der deutsche Wirtschaftsmann und Politiker Walther Leisler Kiep. Seine Karriere litt dann unter dem Kolbenreiber der CDU-Spendenaffäre. Das schwächte seinen Werbewert, führte aber vernünftigerweise zu keiner Diskussion, ob Motorräder und Moral korrelieren.

Den ersten Abschnitt dem Thema „Beschleunigung" zu widmen, spielt scheinbar den Bike-Gegnern in die Hand, die alle Einspurigen als „Raser" sehen. Das Gegenteil ist der Fall.
Gerade wegen der aufregenden Beschleunigung kriegen die Biker schon innerhalb der gesetzlichen Geschwindigkeitsgrenzen ihren Kitzel. Sie brauchen keine Höchstgeschwindigkeiten. Biker beschleunigen rasant auf ihre Reisegeschwindigkeit, die meist moderat ist.

Bei Enduros wie Triumph Tiger, KTM 990 Adventure und BMW R 1200 GS oder so genannten *Naked Bikes* wie Ducati Monster, Honda CB 1300, Suzuki GSF Bandit 1200, Yamaha MT-01 und Kawasaki Z1000 sorgt der Winddruck auf den aufrechten Oberkörper in der Praxis für natürliche Zurückhaltung. Und die *Cruisers* wie Harley-Davidson Road King und Suzuki Intruder 1800 sind konzeptionell philosophisch. Ihre mächtigen, erotisch vibrierenden, jede Zündung einzeln skandierenden V-Zwei-Zylinder erregen unabhängig von der Geschwindigkeit.
Sie bieten sogar den Zusatz-Luxus eines täglichen Abenteuers. Der Fahrtwind zerrt an den Goretex- und Lederjacken, an Hosen und Stiefeln. Fliegende Kerbtiere zerplatzen auf dem Visier wie Geschosse. Auf böiger, freier Strecke bleibt oft mal die Luft weg. Unter offenen, so genannten Jet-Helmen werden schmollmündige Unternehmerinnen zu Breitmaulfröschen, sofern sie ihr Antlitz nicht mit Mundtüchern von Hermes und Versace schützen. Bikes sind längst auch ein Spielfeld des Sekundär-Luxus. Manche Piloten kommen als Gesamtkunstwerk des Weges, von der Sohle bis zum Scheitel in schöne, teure, avantgardistisch-sichere und markentreue Kleidung gehüllt.
Laien ahnen nicht, wie luxuriös die Motorräder selbst schon sind, oder gegen Aufpreis sein können. Beheizte Griffe, getrennt regelbare Sitzheizung? Gibt es. CD-Wechsler, MP-3-Anbindung und Helm-zu-Helm-Kommunikation? Gibt es. Elektrisch höhenverschiebbare Windschutzschilder? Gibt es. Bike mit integriertem Airbag? Gibt es auch schon. Die aktuelle Honda Gold Wing 2008, ein mächtiger Super-Tourer um 30.000,- Euro, ist der erste Versuchsträger. Ihr BMW-Konkurrent 1200 LT (€ 25.000,-) bietet exklusiv zwei andere Technologien, auf die man nach längerer Testfahrt nimmer verzichten will.
Erstens: ein nachklingendes Bodenlicht, um beim Absteigen nicht in Hundstrümmeln zu treten.

Zweitens: einen elektrisch ausfahrenden Hauptständer. Man hat lang genug darunter gelitten, das Fahrzeug eigenhändig aufzubocken.
Viele der heute gängigen Innovationen sind weniger Luxus als schiere Sicherheit. Mit ABS entschärfte man die größte Gefahrenquelle, das Bremsen. Mit Stufen-Führerscheinen und psychologischer Schulung hat man klug für Einstiegsreife gesorgt. Man kann sich auch heute noch mit dem Motorrad verletzen. Es ist nur viel schwieriger geworden. Auf jeden Mitbürger, der per Bike sein Ende findet, kommen zehn andere, die an Langeweile und Furchtsamkeit zugrunde gehen. In den Worten meiner Großmutter: „Vor Angst gestorben ist auch tot."

So kann man guten Mutes zusätzlich loben, was man die *Brainware der Bikes* nennen könnte. Sie sind die Könige der Städte, gewinnen mit jeder neuen Auto-Park-Schikane. Sie sind meist parkgebührbefreit, schlucken wenig Sprit, schleppen keinen unnützen Leerraum. Kraft ihrer Talente wurden sie kostengünstiger Alltags-Luxus für denkende Köpfe.
Falls ein erfolgreicher Leser den vernünftigen Luxus des Motorradfahrens ins echt Teure steigern möchte, kann ihm durchaus geholfen werden. Es gibt Highlights, die auch zusätzliche Freuden bringen. Es gibt eine *Boss Hoss* mit Chevy-Achtzylinder und eine Replika der Ducati-Moto-GP-Rennmaschine, und irgendwo in Deutschland eine mit viel Witz so genannte „Neander Turbo Diesel" um 95.000,- Euro.
Zwei der geistig ergiebigsten Bikers, die ich in zwanzig Jahren einer Motorrad-Leidenschaft kennen lernte, sind prominent und unprätentiös. Der eine, Bernhard Felderer, ist Wirtschaftsforscher und fährt einen erstklassigen, hierzulande seltenen Triumph-Sprint-ST-Tourer. Der zweite, Klaus Woltron, ist Unternehmer-Guru und Bio-Gärtner und fährt das passende Zweirad: Seine alte, exotische Honda CX 500 hat einen quer

eingebauten V2-Motor und ist in Deutschland als „Gülle-Pumpe“ schon wieder gesucht.
Beide Gentlemen leisten sich den Luxus, für private Diskussionen Orte zu wählen, die man nicht per Flugzeug, Eisenbahn oder Auto erreicht, sondern nur auf zwei Rädern.

Aus den Archiven der neuen Höflichkeit

Zuschriften an:
helmut.gansterer@aon.at
www. darfman.at

ISBN: 978-3-85485-248-3

Umschlagillustration: Gerhard Haderer

Umschlag- und Buchgestaltung: Bruno Wegscheider
Layout und Produktion: Alfred Hoffmann

Druck und Bindung:
CPI BOOKS GmbH, Pohořelice